数字经济与高质量发展丛书

数字普惠金融赋能经济高质量发展研究

海小辉　郭亚帆　汪星　著

中国商务出版社

·北京·

图书在版编目（CIP）数据

　　数字普惠金融赋能经济高质量发展研究 / 海小辉，
郭亚帆，汪星著. -- 北京 : 中国商务出版社，2024.
10. --（数字经济与高质量发展丛书）. -- ISBN 978-7
-5103-5422-9

　　Ⅰ. F124

中国国家版本馆 CIP 数据核字第 2024YW3849 号

数字经济与高质量发展丛书

数字普惠金融赋能经济高质量发展研究

SHUZI PUHUI JINRONG FUNENG JINGJI GAOZHILIANG FAZHAN YANJIU

海小辉　郭亚帆　汪星　著

出版发行：中国商务出版社有限公司
地　　址：北京市东城区安定门外大街东后巷 28 号　　邮编：100710
网　　址：http://www.cctpress.com
联系电话：010-64515150（发行部）　010-64212247（总编室）
　　　　　010-64243016（事业部）　010-64248236（印制部）
策划编辑：刘文捷
责任编辑：刘　豪
排　　版：德州华朔广告有限公司
印　　刷：北京建宏印刷有限公司
开　　本：787 毫米×1092 毫米　1/16
印　　张：9.75
字　　数：175 千字
版　　次：2024 年 10 月第 1 版
印　　次：2024 年 10 月第 1 次印刷
书　　号：ISBN 978-7-5103-5422-9
定　　价：58.00 元

丛书编委会

主　　编　王春枝

副 主 编　米国芳　郭亚帆

编　　委（按姓氏笔画排序）

王志刚　王春枝　刘　阳　刘　佳　米国芳　许　岩

孙春花　陈志芳　赵晓阳　郭亚帆　海小辉

序

自人类社会进入信息时代以来，数字技术的快速发展和广泛应用衍生出数字经济。与农耕时代的农业经济，以及工业时代的工业经济大有不同，数字经济是一种新的经济、新的动能、新的业态，其发展引发了社会和经济的整体性深刻变革。

数字经济的根本特征在于信息通信技术应用所产生的连接、共享与融合。数字经济是互联经济，伴随着互联网技术的发展，人网互联、物网互联、物物互联将最终实现价值互联。数字经济是共享经济，信息通信技术的运用实现了价值链条的重构，使价值更加合理、公平、高效地得到分配。数字经济也是融合经济，通过线上线下、软件硬件、虚拟现实等多种方式实现价值的融合。

现阶段，数字化的技术、商品与服务不仅在向传统产业进行多方向、多层面与多链条的加速渗透，即产业数字化；同时也在推动诸如互联网数据中心建设与服务等数字产业链和产业集群的不断发展壮大，即数字产业化。

近年来，我国深入实施数字经济发展战略，不断完善数字基础设施，加快培育新业态新模式，数字经济发展取得了显著成效。当前，面对我国经济有效需求不足、部分行业产能过剩、国内大循环存在堵点、外部环境复杂严峻等不利局面，发展数字经济是引领经济转型升级的重要着力点，数字经济已成为驱动中国经济实现高质量发展的重要引擎，数字经济所催生出的各种新业态，也将成为中国经济新的重要增长点。

为深入揭示数字经济对国民经济各行各业的数量影响关系，内蒙古财经大学统计与数学学院组织撰写了"数字经济与高质量发展丛书"。本系列丛书共11部，研究内容涉及数字经济对"双循环"联动、经济高质量发展、碳减排、工业经济绿色转型、产业结构优化升级、消费结构升级、公共转移支付缓解相对贫困等领域的赋能效应。

丛书的鲜明特点是运用统计学和计量经济学等量化分析方法。统计学作为一门方法论科学，通过对社会各领域涌现的海量数据和信息的挖掘与处理，于不确定性的万事万物中发现确定性，为人类提供洞见世界的窗口以及认识社会生活独特的视角与智慧，任何与数据相关的科学都有统计学的应用。计量经济学是运用数理统计学方法研究经济变量之间因果关系的经济学科，在社会科学领域中有着越来越广泛的应用。本套丛书运用多种统计学及计量经济学模型与方法，视野独特，观点新颖，方法科学，结论可靠，可作为财经类院校统计学专业教师、本科生与研究生科学研究与教学案例使用，同时也可为青年学者学习统计方法及研究经济社会等问题提供参考。

本套丛书在编写过程中参考与引用了大量国内外同行专家的研究成果，在此深表谢意。丛书的出版得到内蒙古财经大学的资助和中国商务出版社的鼎力支持，在此一并感谢。受作者自身学识与视野所限，文中观点与方法难免存在不足，敬请广大读者批评指正。

丛书编委会

2023 年 9 月 30 日

前　言 ➡

在当今全球经济格局深刻调整的背景下，中国经济正经历着从高速增长向高质量发展的深刻转型。这一转型不仅要求经济总量的持续增长，更强调经济结构的优化、发展效率的提升以及发展成果的共享。普惠金融，作为金融创新的重要方向，正以其独特的优势和潜力，为经济高质量发展注入强劲动力。

近年来，数字普惠金融作为普惠金融的重要发展形态，其政策演变体现了中国政府对金融创新与包容性增长的高度重视。自2013年党的十八届三中全会正式提出"发展普惠金融"以来，一系列政策措施相继出台，旨在通过数字技术降低金融服务门槛，提高金融服务的覆盖率和可得性。特别是随着云计算、大数据、移动互联网和人工智能等技术的快速发展，数字普惠金融政策逐步聚焦于利用这些先进技术优化金融服务流程，降低运营成本，拓展服务范围。国务院于2015年印发的《推进普惠金融发展规划（2016—2020年）》中，明确提出了"积极引导各类普惠金融服务主体借助互联网等现代信息技术手段，降低金融交易成本，延伸服务半径"的具体要求。此后，数字普惠金融政策不断细化，包括支持金融机构数字化转型、鼓励金融科技创新、加强数字金融基础设施建设等，为数字普惠金融的快速发展奠定了坚实基础。

经过多年的实践，中国普惠金融发展取得的成效显著。首先，普惠金融供给主体更加丰富，截至2023年12月31日，全国共有银行网点221 544个，其中国有大型商业银行105 572个，股份制商业银行15 242个，城市商业银行20 059个，农村商业银行（含农村合作银行、农村信用社）72 941个，其他银行（含村镇银行、民营银行、外资银行等）7 730

个。与此同时，越来越多的金融租赁公司、消费金融公司、汽车金融公司、财务公司、融资担保公司、农业保险公司、货币经纪公司、典当行等都纷纷开始布局小微金融市场，满足了消费者多样化、特色化、差异化需求。随着互联网的深入发展，众筹融资、P2P网贷、移动支付等互联网新型金融业态蓬勃发展，进一步丰富了普惠金融供给主体。上述机构作为多层次金融体系中的"毛细血管"，渗透到大型银行覆盖不到的各个角落，成为"普惠金融"的有力践行者。其次，金融基础设施日益完善，包括支付清算系统、信用信息系统、农村金融服务网点等在内的金融基础设施建设取得了长足进步，为普惠金融的深入发展提供了坚实支撑。2015年底，由国家发展改革委牵头建设、国家信息中心承建的全国信用信息共享平台初步建立，《2024—2025年社会信用体系建设行动计划》明确了提升信用建设法治化规范化水平、统筹推进信用基础设施建设、强化信用信息共享应用等社会信用体系建设的重点工作。截至2023年10月底，国家企业信用信息公示系统已归集1.82亿户经营主体累计58.3亿条信息，日均访问量达1.3亿次。截至2023年末，全国共开立银行卡97.87亿张，同比增长3.26%，人均持有银行卡6.93张。在电子支付方面，2023年，银行共处理电子支付业务2 961.63亿笔，金额3 395.27万亿元，同比分别增长6.17%和9.17%。其中，移动支付业务1 851.47亿笔，金额555.33万亿元，同比分别增长16.81%和11.15%。最后，针对弱势群体如农民、小微企业、低收入人群等的金融服务也得到了明显提升，2023年末，本外币涉农贷款余额56.6万亿元，同比增长14.9%，全年增加7.43万亿元。农村（县及县以下）贷款余额47.26万亿元，同比增长15.2%，全年增加6.32万亿元，同比多增1.3万亿元。金融机构通过创新金融产品和服务模式，降低了金融服务门槛，提高了金融服务的覆盖率和可得性，有效缓解了这些群体面临的融资难、融资贵问题，促进了社会经济的包容性增长。

普惠金融与经济高质量发展之间存在着紧密的内在联系。一方面，普惠金融通过提高金融服务的覆盖率和可及性，促进了资源的优化配置和市场的有效运行；另一方面，普惠金融通过支持创新创业、促进中小企业发展等方式，推动了经济结构的优化升级和发展质量的提升。

本书立足于我国从高速增长向高质量发展转变、数字普惠金融快速兴起这一背景，以数字普惠金融为切入点，深入探讨其作用机理，对促进我国金融制度创新和高质量发展具有重要的理论和现实意义。本书首先阐释了与此相关的理论架构，厘清二者之间的互动机理，并提出相应的研究假设；在此基础上，通过逐层纵横向拉开档次法对我国高质量发展水平进行了测算，并在相关理论假设的基础上开展了实证研究；最后，基于实证研究的结果给出相关的政策建议，以期为推动我国经济高质量发展提供理论和实证支持。

本书各章编写人员如下：第一章：海小辉；第二章：郭亚帆；第三章：汪星；第四章：海小辉；第五章：郭亚帆；第六章：海小辉、汪星；第七章：海小辉、郭亚帆；第八章：海小辉、郭亚帆、汪星。另外何霁彤、梁宝天、任佳超协助了本书的撰写工作，特此感谢！

由于作者学识和水平有限，书中势必会有不少错误及疏漏之处，恳请国内外相关专家学者以及读者批评指正。感谢中国商务出版社编辑为本书出版所做的辛苦工作。

海小辉

2024 年 9 月于呼和浩特

目　录 ➡

1　绪　论

1.1 研究背景与意义

1.1.1 研究背景

2005年，联合国将"普惠金融"（inclusive finance）定义为"能有效、全方位地为社会各个阶层和群体提供相关服务的金融体系"。2013年党的十八届三中全会通过《中共中央关于全面深化改革若干重大问题的决定》，正式提出"发展普惠金融，鼓励金融创新，丰富金融市场层次和产品"，将"发展普惠金融"提升到国家战略层面。2015年，国务院在《推进普惠金融发展规划（2016—2020年）》中，首次明确了"普惠金融"的定义：立足机会平等要求和商业可持续原则，以可负担的成本为有金融服务需求的社会各阶层和群众提供适当、有效的金融服务。2005年，我国提出并开始对普惠金融这一概念进行初步定义。到2013年，伴随着普惠金融政策的逐渐落地，普惠金融也逐渐向更大规模的区域扩散。普惠金融在我国全面推行，在扶贫开发、科技创新、促进经济发展等方面显示出显著优势。但是，我国普惠金融发展尚处于起步阶段，还存在规模效应不大、商业可持续性差、信用风险高、监管机制不够完善等诸多问题，因此，我国在普惠金融发展方面还需不断优化与改进。

近年来，随着网络技术不断应用、信息技术的飞速进步以及互联网的广泛普及，金融技术对普惠金融产生了巨大的促进作用。普惠金融借助互联网特有的优势，实现了跨越式发展，使其逐渐融入人们的日常生活中。《二十国集团数字普惠金融高级原则》认为，数字普惠金融泛指一切通过数字金融服务以促进普惠金融的行动。利用大数据分析技术、AI等科学技术，为广大民众提供更加便捷、安全、高效的金融服务，实现金融包容性和普惠性的提升。我国目前正处在经济转型升级关键时期，数字普惠金融崛起可以给经济高质量发展带来新机遇、注入新动力。金融资源在实际生活中非常匮乏，数字普惠金融则可以使金融资源得到最大限度的利用，从而使金融服务效率得到进一步提高，金融体系也能进一步满足经济发展对金融资源的客观要求。

数字普惠金融的兴起是信息技术发展的必然结果。随着互联网技术的普及和移动支付的兴起，传统金融服务模式已经无法满足人们的需求。传统金融服务往往存在着地域限制、信息的不均衡等因素，部分人群难以获得金融服务。数字普惠金融的诞生成功地突破了之前的制约，通过互联网和移动终端，为广大民众提供了平等的享受金融服务的机会。无论是在农村地区还是在城镇地区，无论是中小微企业还是低收入人群，都可以通过数字普惠金融获得贷款、支付、保险等服务，实现金融包容性和普惠性的提升。在迈向经济高质量增长的新时期，缺乏创新能力已经变成了限制我国经济增长的关键障碍。中小微企业是国民经济中最具活力，发展潜力最大的部分，也是科技创新的重要力量。普惠金融旨在为中小企业搭建一个融资与借贷的平台，保证其顺利地度过最初的融资阶段，同时也为其未来的发展提供更多的保障。

数字普惠金融对于经济高质量发展具有重要意义。当前，我国正处于经济转型升级的关键时期，传统经济增长模式面临诸多挑战。而数字普惠金融的兴起，为经济高质量发展提供了新的机遇和动力。通过数字普惠金融的赋能，可以推动经济结构优化升级、创新驱动发展、提高生产效率和质量，实现经济发展的可持续性和稳定性。数字普惠金融可以促进中小微企业的融资难题得到解决，提高其创新能力和竞争力。同时，数字化普惠金融对于推进乡村农业现代化、农民增收、带动乡村经济发展具有重要意义。

数字普惠金融还可以推动金融创新和业态升级。通过运用大数据分析、AI等技术手段，数字普惠金融能为客户提供更具个性化、定位更准确的金融产品与服务，满足不同群体的需求。例如，通过大数据分析，可以根据个人的消费习惯和信用记录，为其量身定制贷款和投资产品。同时，数字普惠金融还催生了新的商业模式和金融生态，促进了金融行业的转型升级和创新发展。例如，通过数字普惠金融平台，可以实现金融机构与科技公司、供应链企业等的合作，形成金融生态圈，推动金融创新和业态升级。

数字普惠金融与可持续发展目标密切相关。数字普惠金融可以提高金融服务的效率和可及性，促进贫困地区的经济发展，降低贫困率，实现贫困人口的脱贫。同时，数字普惠金融还可以推动绿色金融和可持续投资，促进环境保护和可持续经济发展。例如，通过数字普惠金融平台，可以为绿色企业提供融资支持，推动绿色产业的发展。

得益于互联网科技的强大能力，普惠金融已经迈入了数字化发展的新纪元。在此过程中，互联网技术与金融业的结合使传统金融行业发生改变，也对商业银行产生巨大影响。将数字要素引入现有普惠金融系统中，为普惠金融的深入发展注入新的动力，拓展普惠金融服务的领域，为我国经济高质量发展提供更多支持。数字技术与金融服务相结合能够促进实体经济的创新发展，提升社会资源配置效率。在当前世界经济下滑的情况下，数字化普惠金融有望成为下一轮经济增长动力。在这一背景下，研究如何运用数字技术来促进我国经济实现高质量发展具有重要意义。因此，本书的核心研究内容就是探索数字普惠金融如何影响经济的高品质增长以及其作用原理。

1.1.2 研究意义

1.1.2.1 理论意义

在理论层面的含义上，自普惠金融政策实施以来，国内学者对普惠金融如何促进地区创新、产业结构升级以及缩小居民收入差异等方面开展了大量的研究，但大多仅限于对经济高质量发展一个方面的局部研究。仅从高质量发展的一个方面来研究普惠金融对经济增长的影响过于片面，很难对普惠金融对高质量发展的综合影响做出正确的解释。由于科技的不断进步，金融业和数字技术的关系越来越密切，数字普惠金融呈现出强劲的增长势头，其带来的经济效应也引起了社会各领域的广泛关注。此外，数字普惠金融的发展离不开金融创新和改革，研究数字普惠金融赋能经济高质量发展可以更好地探索金融创新和改革的路径和方向，通过提供更加精准的金融服务，帮助优化金融资源的配置效率，实现金融包容性发展，为金融体系的改革提供理论指导。

本研究首先提出了一种基于多元指标的高质量发展评价方法。在此基础上，深入研究新发展理念下数字普惠金融是如何通过具体路径作用于经济增长的，以及其作用机制。这将为普惠金融政策的实施提供理论基础和实证依据。通过本书的研究，揭示数字普惠金融促进经济高质量发展的内在机理，为相关研究领域提供了新的视角和理论依据。

1.1.2.2 现实意义

金融是一个国家经济发展的重要组成部分，它的融资职能直接关系到一个国家的经济增长质量。传统的金融服务于经济发展中，存在着服务门槛高、覆盖面小等问题，人群往往难以获得贷款和其他金融服务，导致贫富差距进一步扩大。在金融系统中，普惠金融的出现弥补了原有金融业务的缺陷。数字普惠金融通过降低金融服务的门槛和成本，使得低收入人群也能够享受到金融服务的红利。通过提供小额贷款、保险和支付等服务，数字普惠金融可以帮助低收入人群获得金融赋能，实现可持续发展。

以互联网为代表的信息科技的持续发展，使普惠金融开辟了一条新的发展道路——数字普惠金融。随着数字化普惠金融的发展，网络借贷、理财等金融产品和服务得到了广大群众的认可，同时也促进了国内的移动支付交易规模的不断增长。数字普惠金融可以促进经济增长和就业创造。通过数字技术和金融创新手段，更多的人可以获得全面、便捷的金融服务，从而激发消费需求和投资活动，推动经济的增长。与此同时，数字普惠金融还可以提供创业和就业机会，促进就业、创业，减少失业率，维护社会稳定。

金融风险是经济发展过程中不可避免的挑战，而数字普惠金融的发展可以通过提供更加精准的金融服务和风险管理工具，帮助金融机构和个人更好地管理风险。通过数字化的数据分析和风险评估，金融机构可以更准确地评估借款人的信用风险，从而降低不良贷款的风险。同时，数字普惠金融还可以提供风险保障和保险服务，帮助个人和企业应对意外风险，提高整体经济的稳定性。

此外，发展数字化普惠金融是推动我国经济实现绿色转型、实现可持续发展的重要途径。数字科技的运用，可以提高资源的利用效率，降低能源消耗和环境污染。同时，数字普惠金融还可以支持可再生能源和环保产业的发展，推动经济的绿色增长。这种可持续发展的经济模式不仅有利于环境保护，也有助于提高经济的竞争力和长期可持续性。

数字普惠金融能否更好地支撑中国经济的高质量发展，是一个值得探索的课题，因而，对二者之间的影响机制进行实证研究具有重大的理论价值和现实意义。首先，数字化普惠金融的实质仍然是融资，为实体经济发展提供融资支持。其次，尽管新发展理念指明了实现高质量发展的方向，但是，这一目标的实现还需要金融制度的持续完善，以获得足够的资本。数字普惠金融就是将金融普惠功能和资源分配功能充分利用起来，为高质量发展提供了一个重要的支持。因此，在当前，对数字普惠金融是否能够对高质量发展起到推动作用的问题进行深入研究，对于实现我国的高质量发展具有重要的现实意义。

1.2 文献综述

1.2.1 数字普惠金融研究综述

2005年颁布的中央一号文件提出"推进农村金融改革和创新"，这标志着我国普惠金融即将迎来蓬勃发展，对于农村地区影响尤为明显，这旨在解决我国长期以来存在的经济二元结构问题。2008年全球金融危机的爆发，对各国金融体系的稳定性提出了严峻挑战。我国在危机过后，开始更加重视普惠金融的稳定性与风险防范。金融改革的步伐加快，国家出台了一系列政策措施，强化金融监管，确保金融机构在提供普惠金融服务的同时，能够有效控制风险。这一阶段的普惠金融发展，不仅关注服务的覆盖面和广度，还着眼于服务的质量和可持续性，力求实现普惠金融的健康发展。自2013年以来，互联网技术的迅猛发展，特别是移动支付技术的普及，催生了互联网金融的蓬勃兴起。支付宝、微信支付等移动支付方式迅速渗透到日常生活的方方面面，不仅方便了城市居民，也极大地改善了农村地区的支付环境。互联网金融的快速发展，积累了丰富的实践经验，为进一步推动数字普惠金融奠定了坚实的基础。通过互联网和移动技术，金融服务的触角延伸更加深远，覆盖到更广泛的人群中，减少了我国金融服务的"最后一公里"问题。当前，我国的数字金融生态环境仍在持续完善中。国家和企业共同努力，通过技术创新和政策支持，不断优化数字金融的基础设施和服务体系。

纵观全球，我国的数字普惠金融在发展模式和创新实践上具有一定的特色，但也面临着诸多挑战，这一方面的相关科研多数关注数字普惠金融是否对我国的经济长期发展有正向作用。首先，在普惠金融的相关指标量化上，郭峰等（2020）[1]一同研究的北京大学数字普惠金融指数是当前应用最为广泛的指标。它涵盖了包括信贷、投资在内的各种不同类型的业务，其中最主要的是数字普惠金融的覆盖范围、使用深度和数字化程度。该研究提出的指标既是横向的，也是对全国范围内数字普惠金融一年来的动态演变过程进行刻画的，是衡量数字化普惠金融发展的重要工具。这个指数是在2018年公布的，现已更新至第三版。郭峰等人在量化了数字普惠金融的基础上，将该理论运用到现实问题中，得出了数字化普惠金融的包容特性可以弥补金融弱势群体在金融发展方面的不足（郭峰、王瑶佩，2020）[2]，但是，弥补这一不足的能力，与其对传统金融的依赖性、本身的文化程度等因素有关，因此，在发展数字化普惠金融方面，还有很长的路要走。傅秋子和黄益平（2018）[3]通过对数字普惠金融的研究，揭示了数字化普惠金融能够提高农村居民的消费性正规贷款的可能性，同时，乡村的金融需求也在发生着变化。因此，一些学者分析了数字化普惠金融对居民消费产生的影响，认为我国的数字化普惠金融发展表现为"东高西低"（孙玉环　等，2021）[4]，而事实上，数字化普惠金融在金融发达的区域（人群）中更有利于居民消费，这反映了数字化普惠金融在拉动消费上的作用并不明显。唐松等（2019）[5]通过建立空间计量模型，得出了发展数字金融不但可以提高该区域的全要素生产率，而且还可以对其周围区域的生产产生积极的影响，有助于消除信息不对称问题，为深化金融供给侧结构性改革提供了一种有效的途径。姚耀军和施丹燕（2017）[6]指出，发展数字化普惠金融对欠发达区域经济的促进作用是显著的，但现阶段仍需要借助发达区域的引领。总体而言，数字普惠金融的发展还处在起步阶段，其内部发展的驱动力不足，亟待深入研究。

与我国相比，国外在数字化普惠金融方面的发展和研究已经比较完善。目前，国内外研究主要集中在如何从政府角度推动数字普惠金融的发展及其潜在的次级风险等方面。Peterson（2019）[7]指出，普惠金融的发展受金融技术创新程度、贫困程度、金融产业稳定性、经济条件、金融知识水平以及监管体系等多种因素的共同作用，因此，要想为金融产业创造一个良好的发展环境，必须有国家政策的支持。类似地，Daniela Gabor 等（2017）也指出，政府的力量可以有效提高金融包容性，推动数字化革命的高效开展。Rizwan Mushtaq 等（2019）还指出，通信技术与金融业的良好合作有助于数字化普惠金融的发展，同时也说明了数字化促进了普惠金融的发展，而数字安全又是其发展的保障。Chen 和 Yuan（2021）[8]研究表明，在数字化普惠金融的发展中，政府与银行都扮演着重要的角色，黄益平（2017）[9]曾在其研究中也认为，在数字化普惠金融发展的同时，还需要通过监管来突破其自身的发展，减少其金融风险，同时，其监管能力也应该不断地进行创新与加强。周雷等（2024）[10]认为，小微企业融资行为符合普惠金融"短、小、频、急"的典型特征，融资方式以信用贷款为主，资金用途多样，但是信息和信用不对称制约其融资可得性，而数字普惠金融创新产品和服务模式，满足了各类小微企业多样化融资需求。类似地，程秋旺等（2023）[11]发现，数字普惠金融能够显著促进中小企业绿色创新，且对成熟期中小企业的影响更显著，此外，通过机制分析发现，数字普惠金融可以通过缓解融资约束促进中小企业绿色创新。谭思进和陶士贵（2024）[12]运用系统 GMM 模型检验，发现数字普惠金融促进了城镇居民消费规模提升与消费结构升级，但对农村居民促进作用有限，且家庭抚养负担越重，数字普惠金融对城镇居民促进作用越显著，对于农村居民则难以改变其消费结构。

1.2.2 经济高质量发展研究综述

经济高质量发展是党的十九大首次提出来的新概念，也是新常态下我国经济发展的总要求。近几年来，越来越多的学者将注意力转移到了对经济高质量发展的研究上。司聪和任保平（2024）[13]认为，我国亟须重新制定以数字科技催生经济高质量发展动力变革，以科技自立自强引领经济高质量发展质量变革，以绿色经济推动经济高质量可持续发展的战略重点，将经济高质量发展系统化地置于中国式现代化的框架与进程中。赵剑波等（2019）[14]对经济高质量发展的内涵从系统平衡观、经济发展观和民生指向观三个方面进行了阐述，并建立了一个关于高质量发展的理论分析模型，包括经济发展、产业发展、企业发展。杜创等（2019）[15]建立了一个从传统到高质量发展的理论分析模型，并认为，社会主要矛盾的本质决定了资源的配置模式，然后是产业系统的特性，最终实现高质量发展。徐现祥等（2018）[16]对此进行了研究，结果表明，在以投入因素作为"政策工具"的情况下，经济增长的目标与发展质量呈反比关系。在量化经济高质量发展方面，师博和任保平（2018）[17]在定量测度中国高质量发展的基础上，从经济增长的基本面与社会绩效两个维度来测度我国的高质量发展。马茹等（2019）[18]从"高质量供给""高质量需求""发展效率""经济运行""开放"五个维度，建立中国"高质量发展"的测度模型，研究表明，"高质量"的经济发展水平呈现"从东部向西部"的"梯度"。魏敏和李书昊（2018）[19]根据经济质量的高低，将全国30省级行政区分为三大类：明星型、平庸型、后进型。通过对上述研究结果的分析可以发现，大部分的研究结果表明，高质量发展对于东部地区来说是最重要的。此外，推动经济高质量发展的动力来源也成为近几年比较热门的话题，张军扩等（2019）[20]指出，通过市场环境、法律法规和宏观政策等途径，可以促进经济高质量发展。黄庆华等（2020）[21]以长江经济带为例，实证分析表明，产业集聚是推动经济高质量发展的重要因素。薛永刚（2022）[22]通过对"珠三角"与"长三角"两个经济区域的比较研究，发现两个地区的经济高质量发展程度呈逐渐上升趋势，并且两个地区之间呈现出明显的路径依赖关系，邻近地区类型对其状态变迁的作用方式也是多样的。段鑫和陈亮（2023）[23]研究发现，黄河流域资源型城市的产业结构升级具有"门槛"，而数字普惠金融在其高质量发展中所起到的作用是不一样的。牛丽娟（2023）[24]认为，数字金融对于经济高质量发展有着明显的推动作用，而不同的数字金融对经济质量的影响也各不相同，加强服务深度、提高数字化水平对于推动高质量发展所起到的作用更为明显。类似地，周雷等（2024）[25]发现，数字金融创新不仅能直接促进本地区实体经济的高质量发展，而且具有正向空间溢出效应，对邻近地区实体经济高质量发展呈现渐进、动态的长期影响。李成刚（2023）[26]发现，绿色金融对经济高质量发展具有非线性影响，在产业结构升级约束下，存在单门槛非线性影响。此外，王欣亮等（2023）[27]认为，大数据能通过推进市场—体化优化资本与劳动力配置，推进经济高质量发展，且大数据技术应用的积极作用强于数据基础设施。任保平和王子月（2023）[28]认为，数字新质生产力推动经济高质量发展，需要通过改变生产模式、提高生产效率、增强创新能力来培育经济高质量发展新动能。类似地，韦东明等（2023）[29]通过实证分析发现，数字经济的有效性主要通过提升政府治理水平、推动智能化发展、促进区域创新和优化产业结构等机制实现，而数字经济的促进效应主要通过技术进步驱动。公丕明（2023）[30]运用障碍度模型分析障碍因子，发现中国经济发展质量整体呈现出升高的态势，但也存在波动。经济运行和科技创新障碍因子对经济高质量发展的障碍度明显强于生态环境和社会建设障碍因子。

1.2.3 数字普惠金融影响经济高质量发展的研究综述

党的十九大以来，随着数字经济成为我国经济高质量发展的新动能，很多学者对此进行了较为深入的探讨。理论上，荆文君和孙宝文（2019）[31]对二者进行了理论分析，认为从微观（规模、范围、长尾）到宏观（投入要素、资源配置效率、全要素生产率）都可以推动经济高质量发展。许宪春等（2020）[32]对此作了详细的论述，并指出，新经济的一个显著特点就是，数字经济已经成为新时期经济发展的新发动机。刘淑春（2019）[33]则指出，在目前的情况下，数字经济还没有成为一个具有竞争力的经济体，只有让数字经济和三大产业深度结合，才能打破体制上的壁垒，才能打破发展的瓶颈。杨虎涛（2020）[34]也表示，当前的数字经济需要以制度来引导，这样才能最大限度地发挥其优势。在具体研究上，谢绚丽等（2018）[35]在充分考虑了内生性的基础上，认为数字金融对于初创企业的增长与发展具有重要的推动作用。何婧和李庆海（2019）[36]从微观角度分析，认为数字金融可以促进农民自主创业。邹新月和王旺（2020）[37]通过空间计量分析发现，数字化普惠金融可以有效提升居民消费能力。杨刚和张亨溢（2022）[38]在跨省层面的实证检验中发现，数字化普惠金融不仅能够推动经济增长，还能够通过对地区创新的作用来推动经济增长。蒋长流和江成涛（2020）[39]选取258个地级市为样本，通过实证分析发现，数字化普惠金融对于经济高质量发展具有推动作用，但有一定的网络技术限制。马黄龙和屈小娥（2021）[40]通过实证研究发现，数字化普惠金融能够推动经济高质量发展，但是区域差异显著，东部和中部差异较大。与此相对应，王刚贞和陈梦洁（2022）[41]等学者提出，普惠金融对我国东部和西部地区的高质量发展具有长期的推动作用，但其对中部地区的推动作用仅限于初始阶段。徐铭等（2021）[42]以280个地级及以上城市为样本，研究发现，数字化普惠金融具有推动经济高质量发展的作用，但同时也呈现出边际递减的趋势，也就是普惠金融对高质量发展的推动作用会逐渐弱化。赵晓鸽等（2021）[43]以沪深两市为样本，实证检验了数字化普惠金融能够通过减轻企业间的融资错配来提升企业的创新能力，并且这种效应在中西部要强于东部，进而推动我国经济的高质量发展。贺健和张红梅（2020）[44]、杨艳芳等（2021）[45]通过实证分析，认为普惠金融在高质量发展中起着重要的推动作用，超过这一临界值时，这种效应将减弱。张芳和蔡甜甜（2024）[46]研究表明，数字化普惠金融有利于实现共同繁荣，而数字化普惠金融在实现共同富裕的进程中起着重要的调节作用。王仁曾和詹妹珂（2023）[47]从作用机理上认为，数字化普惠金融和绿色金融可以通过对产业结构、绿色技术创新的协同作用，共同推动经济高质量发展，且该协同作用在空间上依然存在。为此，构建区域金融协作机制，关注数字化普惠金融和绿色金融的协同效应，有利于促进我国经济的高质量发展。同时，庞加兰等（2023）[48]指出，数字化普惠金融能够有效缓解民营企业融资约束，推动其高质量发展。而葛和平和吴倩（2022）[49]研究表明，普惠金融发展越好，周边省份的民营企业越多，其技术创新能力越强，其转型潜能也就越弱。张存刚和董宇（2024）[50]以2011—2021年30个省级行政区面板数据为基础，实证分析表明，普惠金融对乡村经济的高质量发展具有明显的推动作用，但这一效应在中国东部、西部、中部三个区域的作用还不够明显。类似地，薛秋童和封思贤（2022）[51]研究发现，中国中、东、西三个区域的数字普惠金融具有明显的促进经济高质量发展的效应。在数字普惠金融推动高质量发展过程中，家庭消费具有重要的调节作用，并且这种调节作用在乡村地区表现得更为明显。

1.2.4 文献述评

通过对以上文献的梳理可以看出，数字普惠金融和经济高质量发展已经引起了国内学者的关注，他们从不同的角度对其进行研究，并取得了许多优秀的成果，后续研究者可以从此了解到相关理论依据和分析方法。研究内容主要包括数字普惠金融的定义和内涵、数字普惠金融与经济高质量发展之间的关系，数字普惠金融在各方面的作用。本书采用文献资料法、实证研究法和个案研究法进行研究，研究成果将深化人们对数字普惠金融在高质量发展中的作用机制的理解，具有重要的理论和实践价值。

现实中数字普惠金融赋能经济高质量发展的途径也被众多学者积极探索。政府部门、金融机构、科技公司等各方面都在推动数字普惠金融的发展。政府出台相关政策和规定，鼓励金融机构加大数字普惠金融服务的投入。金融机构通过创新金融产品和服务，满足不同群体的需求。科技公司通过技术创新，提供数字普惠金融平台和解决方案。实践界的努力为数字普惠金融的发展提供了实践基础和应用场景。

此外，数字普惠金融赋能经济高质量发展的研究还面临一些挑战。首先，数字普惠金融的概念和内涵尚不完全统一，研究者对其定义和范围的认识存在一定的差异。其次，数字普惠金融的发展还面临一些技术、法律和监管方面的挑战。技术安全、数据隐私、合规风险等问题需要得到有效解决。此外，数字普惠金融在不同地区和不同群体中的应用还存在差异，需要进一步研究和探索。

数字普惠金融是提高我国经济发展质量的重要动力，能有效提高金融产品配置的效率，实现社会各界共同享有经济发展的璀璨果实。然而，当前关于高质量发展的研究更多地侧重于对发展现状的分析，发展的重要性以及实现途径等方面，对于指标权重的确定也多用熵权法、主成分分析法和综合指数法等，而这些并不能很好地描述指标变化情况。能够科学全面地测度并分析经济高质量发展水平的优秀成果还有待丰富，这为本研究提供了可能性。因此，本研究选用更适合面板数据的动态测度方法——逐层纵横向拉开档次法，来科学全面地测度经济高质量发展水平，同时综合考虑数字普惠金融促进经济高质量发展的影响中可能存在的中介效应和门槛效应，进一步丰富了相关领域的研究成果。

1.3 研究内容和研究方法

1.3.1 研究内容

目前，我国的经济发展战略已经从高速度发展转变到了高质量发展的新时期，要解决近些年来经济发展中存在的不平衡和不充分问题，满足各界群众对美好生活的更高要求。高质量发展是经济发展的进阶阶段，其核心在于提高发展效率和质量，实现可持续性和包容性增长。数字普惠金融作为大数据时代背景下的金融创新，完美融合了金融与数字技术，填补了传统生产力发展中的空缺。为此，本研究以数字普惠金融为切入点，深入探讨其作用机理，对促进我国金融制度创新和高质量发展具有重要的理论和现实意义。数字化普惠金融对提高金融服务效率，扩大金融覆盖面，降低金融服务成本有着明显的优势，这对我国经济发展具有重大意义。首先，本研究立足于我国从高速增长向高质量发展转变、数字普惠金融快速兴起这一背景，提出主要研究内容；其次，阐释了与此相关的理论架构，厘清二者的互动机理，并提出相应的研究假设；再次，在此基础上，通过逐层纵横向拉开档次法对我国高质量发展水平进行了测算，并在相关理论假设的基础上开展了实证研究；最后，基于实证研究的结果给出相关的政策建议，以期为推动我国经济高质量发展提供理论和实证支持。按照上述研究思路，本书的正文部分共分为8个章节，主要内容如下：

第1章为绪论。在阐明我国经济由高速发展转向高质量发展、数字普惠金融迅速崛起的大背景的基础上，对本书的研究背景进行了总结，在此基础上，提出要探究的核心问题，并在理论与实践两个方面对研究意义进行了阐释。本书还将围绕"数字化普惠金融""高质量发展""数字普惠金融对高质量发展的推动作用"这三个方面展开研究，对现有研究成果进行系统梳理。

第2章为概念界定与理论基础。首先，本书对数字普惠金融与经济高质量发展两个概念进行概念说明。其次，在前人研究成果的基础上，对数字普惠金融和经济高质量发展相关的基础理论进行归纳和总结。

第3章为影响机制与研究假设。本章为了探究数字普惠金融对经济高质量发展的直接影响，首先从创新、协调、绿色、开放、共享这五个维度上进行分析；其次，以科技创新和消费水平两个方面作为研究的切入点探讨数字普惠金融影响经济高质量发展的作用机制，从理论方面解释其所产生的中介效应；最后，从两者协调发展的视角出发，探讨了互联网普及率对数字普惠金融发展促进经济高质量发展可能存在的门槛效应。

第4章为数字普惠金融发展概况与经济高质量发展现状分析。首先参考相关文献构建出经济高质量发展水平综合评价指标体系，运用逐层纵横向拉开档次法测度2012—2021年我国31个省级行政区（不含港、澳、台）高质量发展指数及其各维度发展情况；并基于北京大学数字金融研究中心所发布的数字普惠金融指数对我国31个省级行政区数字普惠金融发展进行时空演化分析。

第5章为数字普惠金融影响经济高质量发展的实证研究。为了探究不同维度、不同地区条件下数字普惠金融对经济高质量发展的影响，本部分构建基准回归模型，选取合适的变量和准确的数据进行回归，实证分析数字普惠金融对经济高质量发展的影响，并进行稳健性检验增强研究的稳健性。

第6章、第7章分别为基于中介效应、基于门槛效应的数字普惠金融赋能经济高质量发展路径分析。本部分通过中介模型，实证检验科技创新和传统金融的影响路径，然后进一步使用门槛模型，分析城镇化率、互联网普及率和产业结构升级对数字普惠金融影响经济高质量发展的调节作用。

第8章为结论与建议。在前文分析的基础上，为我国推进数字化普惠金融、推动我国经济高质量发展提供切实可行的政策建议。

基于对各章节内容的总结，将研究思路整理为如图1-1所示。

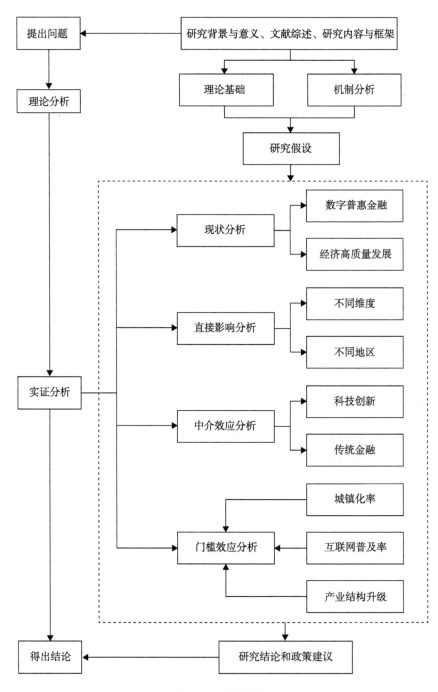

图 1-1　研究路线

1.3.2　研究方法

1.3.2.1　文献分析法

文献分析法是一种常用的研究方法,通过对相关文献进行收集、整理和分析,来获取研究主题的相关信息和观点。这种方法可以帮助研究者了解已有的理论和研究成果,从而在研究中建立起理论框架和研究问题。文献分析法可以通过查阅学术期刊、学位论文、会议论文等文献资料,进行文献综述和归纳总结,从而得出结论和提出研究问题。这种方法的优点是可以节省时间和成本,同时也可以避免重复研究和发掘新的研究方向。然而,文献分析法也存在一些限制,比如可能存在文献选择的主观性和局限性,需要研究者具备较高的文献综述和分析能力。笔者在收集并参考了大量国内外学者在数字普惠金融与经济高质量发展方面的研究基础上,获得了较为前沿的文献资料和学者对项目的研究进展,并对其研究结论进行了总结,以期能够将数字普惠金融促进经济高质量发展的最新研究动向与研究结果相结合,从而为本文的研究提供借鉴。

1.3.2.2　逐层纵横向拉开档次法

逐层纵横向拉开档次法常用于分析和比较不同层次和不同维度的数据,以揭示其之间的关系和趋势。该方法通过逐层比较和分析,可以深入了解研究对象的内在特征和变化规律。逐层纵横向拉开档次法的基本步骤包括:确定研究对象和层次、收集和整理数据、分析和比较数据、总结和归纳结论。这种方法的优点是可以全面、系统地分析数据,揭示研究对象的多维特征和变化趋势。然而,逐层纵横向拉开档次法也存在一些挑战,比如需要大量的数据收集和整理工作,同时也需要具备较强的数据分析和比较能力。针对本书研究,我国各省级行政区的高质量发展水平测算属于以面板数据为基础的动态集成测算问题,现有研究多采用将其转化为静态问题的方法,其通常会导致评估结果失真。故本书使用逐层纵横向拉开档次法,该方法既能反映时间序列数据的特点,又能从下往上对底层数据进行分层处理,从而使测量结果更完整、更合理。

1.3.2.3　中介效应模型

中介效应模型是一种常用的统计分析方法,用于研究一个变量对另一个变量的影响是否通过一个中介变量来实现。中介效应模型可以帮助研究者理解一个变量对另一个变量的影响机制和路径。在中介效应模型中，通过收集相关的数据，可以进行回归分析和路径分析，以确定变量之间的关系和中介效应的存在与否。这种方法的优点是可以揭示变量之间的因果关系和中介机制，为研究问题提供更深入的解释。然而，中介效应模型也存在一些限制，比如需要满足一定的统计假设和数据要求，同时也需要研究者具备较强的统计分析和解释能力。总之，中介效应分析是检验某一变量是否成为中介变量，发挥何种程度中介作用的重要步骤。在此基础上，本研究以科技创新与消费水平为中介变量，探讨数字普惠金融对科技创新与消费的作用机制。

1.3.2.4　门槛效应模型

门槛效应模型常用于分析和评估一个变量对另一个变量的影响是否存在一个临界值或门槛值。门槛效应模型可以帮助研究者了解变量之间的非线性关系和阈值效应。在门槛效应模型中，通过收集相关的数据，可以进行曲线拟合和阈值分析，以确定变量之间的关系和门槛效应的存在与否。这种方法的优点是可以揭示变量之间的非线性关系和阈值效应，为研究问题提供更全面的解释。门槛效应，是指当一个经济参数达到特定的数值后，引起另外一个经济参数发生突然转向其他发展形式的现象。作为原因现象的临界值称为门限值。本书运用门槛效应研究互联网普及率对数字普惠金融促进经济高质量发展的非线性关系。

1.4　创新与不足

1.4.1　创新

第一，由于经济发展是一个动态的系统过程，因此在构建经济高质量发展评价体系时，需要采用多指标动态综合评价方法。传统的评价方法，如主成分分析、熵值法、综合指数法等，虽然在静态分析中有其独特优势，但在动态评价中可能无法充分反映经济发展过程的变化和趋势。为了保证研究成果的客观性和动态可比性，以及指标权重的直观明确性，本书选择了一种新的评价方法，即基于面板数据的逐层纵横向拉开档次法。这种方法不仅能够动态反映各省份的经济高质量发展水平，还能更科学地构建指标体系。结合新时代的发展要求，选取具有代表性的指标，如经济增长率、创新能力、生态环境质量、民生改善程度等，计算出各省级行政区2012—2021年的高质量发展指数。这些数据为后续分析数字普惠金融对经济高质量发展的作用提供了坚实的基础和参考。

第二，本书将从理论上深入探讨科技创新与消费对数字普惠金融推动高质量发展的影响机制。数字普惠金融作为一种金融创新，通过提升金融资源的可得性和降低金融服务成本，能够促进经济高质量发展。然而，数字普惠金融如何通过具体路径发挥作用，需要进一步探讨。本书拟从科技创新与消费两个角度，分析我国数字普惠金融在高质量发展中的作用机理。在此基础上，通过门槛效应模型分析我国数字普惠金融在促进高质量发展过程中的互联网普及率产生的制约作用。互联网普及率作为衡量数字经济发展的重要指标，对数字普惠金融的推广和应用具有重要影响。通过门槛效应模型分析，可以发现互联网普及率在不同水平下对数字普惠金融促进经济高质量发展的影响存在的差异。这些研究为理解和推动数字普惠金融的发展提供了新的视角和实证依据，对实现我国经济高质量发展具有重要意义。

第三，本书弥补了部分学者只是单独分析数字普惠金融对经济高质量发展中存在的中介效应影响或者门槛效应影响的不足，将两者综合起来全面探析数字普惠金融对经济高质量发展的影响，为经济高质量发展战略提供更加全面的思路。

1.4.2 不足

构建经济高质量发展评价体系是一项复杂而重要的任务，涉及经济社会各个层面的细节。由于经济发展在不同阶段的特点和社会需求的变化，评价体系的侧重点可能会有所调整，这导致了指标的选取和评估结果可能带有一定的主观性和差异性。同时，构建经济高质量发展评价体系是一个持续演进和优化的过程，需要不断地结合实际情况和研究进展进行调整和完善。因此所构建出的评价体系都难免会带有局限性，随之得出的结果也会产生细微差异。

此外，本书所使用的指标数据仅覆盖了2012年到2021年的观测期，这在面板数据模型的应用上存在一定的局限性。数据观测期的限制可能影响模型估计的准确性和稳定性，因此未来的研究需要考虑扩展数据观测期，以增加样本的时间跨度和深度，从而更全面地捕捉经济发展的动态变化和影响因素的长期效应。

2 概念界定与理论基础

2.1　概念界定

2.1.1　数字普惠金融

数字普惠金融代表了金融服务领域的创新进步，它利用数字化技术为广大社会群体提供普遍而有效的金融服务。传统普惠金融的核心理念是在机会平等和商业可持续原则的指导下，通过降低金融服务的成本和门槛，确保所有人都能够获得必要的金融支持。然而，传统普惠金融在面对成本高、风险大等问题时显现出局限性，这些问题限制了其在覆盖更广泛群体和推动经济发展方面的效果。随着互联网信息技术的飞速发展，数字金融应运而生，为传统金融注入了新的活力和可能性。数字普惠金融作为数字金融在普惠金融领域的应用，通过数字信息技术提供广泛的金融服务，如电子支付等，涵盖了银行、保险、基金、证券、信托和抵押等各类金融产品和服务。《二十国集团数字普惠金融高级原则》明确定义了数字普惠金融的范围和目标，强调利用数字技术提升普惠金融的效率和普及度，从而更好地服务社会各个层面的金融需求。

数字普惠金融结合了数字化和普惠金融的优势。首先，它具有共享性，通过数字平台和技术，使得金融服务更广泛地可及，不再受制于传统金融机构的地理限制和运营成本。其次，数字普惠金融的便捷性使得个人和企业能够更轻松地进行金融交易和资金管理，进一步降低了交易成本和服务门槛。此外，数字普惠金融的成本效益高，通过大数据分析、云计算和知识图谱等技术手段，能够构建更有效的风险管理系统，提升金融服务的安全性和可信度，从而有效地解决信息不对称带来的种种问题。在实践中，数字普惠金融正在改变金融服务的格局，推动金融包容性发展。它不仅能够帮助传统金融机构优化服务流程和降低运营成本，还能够为小微企业、农村地区以及贫困群体提供更加灵活和个性化的金融产品和服务。未来，随着技术的进步和政策的支持，数字普惠金融有望在全球范围内进一步扩展和深化，为经济社会的可持续发展做出更大贡献。

2.1.2　经济高质量发展

高质量发展已不仅局限于经济领域，还涉及与社会发展相关的方方面面。高质量发展既要实现发展理念的转变，又要实现增长方式的转变，更要以人民生活为重点。要想达到高质量发展，就必须转变过去的经济增长方式，让经济发展不能只一味地追求速度，而要将质量与效率放在相同的地位，力求实现更大创新活力的经济运作、更合理的工业结构、更好地保护生态环境、更可持续的经济发展、更公正的社会分配，实现一个经济发展平衡和充分的状态。新发展理念体现了创新、协调、绿色、开放和共享的理念。特别地，创新发展作为一种经济发展的内在推动力量，它在理论、制度、科技、文化等各个层面上进行了全方位的创新，推动了质量变革、效率变革和动力变革，从而提升了全要素生产率。经济发展的本质特征就是要协调发展，要把优化区域结构和缩小城乡之间的差距作为首要目标，要解决好各地区之间的资源差距大、发展不平衡的矛盾，从而推动区域整体和谐发展。绿色发展是经济发展的一种普遍形式，只有有效地保护和合理利用资源、集约利用资源，降低碳排放和环境污染，并加强宣传绿色理念，推广绿色技术，培育绿色市场，研发绿色产品，推动经济增长，才能让人与自然和谐发展。要发展经济，必须有开放的理念，要增强各方面的相互协调，充分发挥国内和国际市场的优势，充分利用国内外的各种资源，建设一个高水平、全方位的开放型经济；共享发展是经济发展的根本目的，坚持以"以人为本"为理念，以"人人享有"为目标，以促进社会公正为中心，以"共享"为核心的经济发展理念。经济高质量发展是在新形势下出现的一种新的经济发展方式，它以提高发展的质量与效率为目标，新发展理念中包含的五大方面，恰恰是提高经济发展质量与效率的最佳表现，新发展理念是对经济高质量发展比较准确的诠释，在新发展理念的指导下，阐释经济高质量发展的内涵特征是非常合适的。

2.2　理论基础

2.2.1　数字普惠金融相关理论

2.2.1.1　金融发展理论

金融发展理论（financial development theory）起源于第二次世界大战后。当时发展经济学兴起，金融发展理论旨在系统化解释金融在发展中国家经济增长中的角色。其发展伴随着经济学理论的演变，第一波结构主义思潮强调物质资本积累和工业化，但未充分重视金融的作用。金融发展理论强调金融对经济增长的重要性，不同派别的理论在具体的金融与经济发展相互作用机制上的观点有所不同。随着经济发展和结构复杂化，金融体系需要不断调整以支持经济发展，金融创新所带来的复杂性增加了金融系统的风险，因此需要更严格的金融监管。格利和肖的研究标志着金融发展理论的起步，其后逐渐演化为金融结构论、金融抑制论与金融深化论以及金融约束论等，深化了对金融与经济互动关系的理解。

1.金融结构论

首先，金融结构是一个复杂的、多层次的概念。1969年，美国经济学家雷蒙德·W.戈德史密斯在其著作《金融结构与金融发展》一书中第一次提出了"金融关联比"这一概念，它是一国在过去一段时间里所拥有的所有金融资产在该国经济活动总额中所占的比重，是衡量一国金融发展程度的指标。他把金融结构看作金融机构与金融工具的总和及其比重的总和，金融发展的实质就是金融结构的变迁。他认为，金融学的职责就是分析金融工具的存量，金融交易的流向和金融结构的决定因素。他通过对35个国家100多年来的数据进行定性与定量研究，得出财政发展与经济发展之间存在着密切的联系。在此基础上，他创新性地提出了以金融关联系数（FIR）表征金融结构的新概念，这一新的度量方法在学术界得到了广泛的应用。白钦先在2003年对财政结构进行了重新定义。他对财务结构的界定是："财务有关因素的构成、关系和数量的比率。"这一概念将金融工具、金融机构等内容替换为金融关联元素，使其内涵得到了很大的拓展。金融有关因素包括各类金融工具和金融机构，还包括从基础货币资金、金融人才到金融法规、金融政策、金融监管等不同类型的金融资源，表现出了很高的多样性、复杂性和层次性。在此基础上，本文提出的"定量"与"定性"相结合，突出了"定量"与"定性"两个维度。在经济发展过程中，金融结构理论的学者开始从一个更为动态的角度对其进行分析。其中，"最优融资结构学说"是林毅夫先生于2009年所提出的，这一理论被广泛应用于金融市场。这一理论指出，财政结构是动态演进的，而不是固定不变的。不同的经济体系处于不同的发展阶段，其融资结构与之相适应。随着金融创新的快速发展，金融结构自身也在发生着改变，然而，各国、各区域甚至各阶段的金融职能却保持着相对的稳定性。

尽管各种定义对金融结构的描述有所不同，但它们都不仅仅将金融结构简单地定义为规模，而且考虑到其他因素，如属性、制度规则等。这表明金融结构是一个非常复杂的概念，涵盖的范围广泛，不容易用简单的语言概括。为了简化研究，经济学家在比较金融体系时基于融资结构，将金融体系划分为银行主导型和市场主导型。在银行主导型金融体系中，存款银行和类银行的金融中介起主导作用，企业主要通过间接融资获得外部融资；相反，在市场主导型金融体系中，通过金融市场直接融资是主要的融资方式。这种分类方法逐渐被西方主流学术界广泛认可，后续文献也基本延续了这一思路。

金融体系的分类对于理解不同经济体系的运作方式和金融市场发展至关重要。银行主导型金融体系通常在政府监管下，银行扮演着重要的角色，促进了资金的流动和企业的融资活动。而市场主导型金融体系则更加依赖金融市场的自由竞争和价格发现机制，企业可以通过发行股票、债券等证券直接融资，更加灵活地获取资金。这种金融体系分类不仅有助于学术界对金融结构的研究，也对政策制定者和金融从业者具有重要的指导意义。通过深入理解不同类型的金融体系，可以更好地把握金融市场的运行规律，促进金融体系的稳健发展和经济的可持续增长。

2.金融抑制论

20世纪以来，许多外国经济学家开始对发展中国家的经济状况进行深入的研究。罗纳德·麦金农和爱德华·肖提出的"金融抑制论"认为，发展中国家为了缩小与发达国家之间的差距，可能会采取干预金融市场的政策，以实现特定的发展目标。这种干预可能包括设定利率控制、信贷配给、金融市场管制等措施，旨在影响经济的发展方向和速度。然而，这种干预往往会导致一系列负面影响。首先，政府干预可能导致金融市场效率低下。由于政府强制性地干预市场机制，市场无法有效地发挥资源配置和价格发现的作用，导致资源配置不合理，投资效率低下。其次，政府过度干预可能扭曲市场机制。政府可能通过设定人为的限制和规定，使得市场无法自由运作，导致市场价格失真、风险无法得到有效传递，从而扭曲了市场的正常运行机制。最重要的是，这种金融抑制最终可能抑制了经济的发展。由于金融市场受到过度干预，企业难以获得足够的融资支持和投资机会，创新活动受到限制，整体经济增长受阻。

具体体现在：第一，国家为促进经济增长而设定的名义利率上限。为促进经济增长，政府对金融机构的名义利率设定了最高限额，这将带来一系列的消极效应。在通货膨胀偏高的发展中国家，如果政府设定一个固定的利率上限，那么实际利率就会逐步降低，甚至是负利率。这样的策略会引起下列问题。一是基金持有人不愿继续存钱。由于实际利率下降甚至出现负利率，资金持有者可能不再愿意将资金存入银行获取利息收入，转而寻求其他投资渠道。这可能导致银行存款减少，影响金融机构的资金来源。二是资金需求者借款需求增大。由于实际利率较低，借款成本降低，需要资本的人可能会增加借贷。这就造成了贷款市场上的资金供需不平衡，出现了供不应求的现象，从而造成了贷款不足、融资难的局面。三是地下钱庄等非法放贷渠道的兴起。由于正规金融机构的资金供给不足，资金需求者可能转向地下钱庄等非法借贷渠道以获取资金。这种非法借贷渠道的出现会增加金融风险，可能导致借款者陷入高利息债务的困境。四是资金外逃和经济发展停滞。过低的利率可能会导致资金外流，国内市场上的资金供给不足以满足经济发展的需要，进而抑制了经济的正常运行。经济发展需要充足的资金支持，如果资金外流导致国内资金短缺，可能会使经济发展陷入停滞状态。因此，在制定金融政策时，政府应考虑市场实际情况，避免过度干预，保持市场的健康运行，促进经济的可持续发展。

第二，高准备金的政策使得银行可提供给市场的资金减少。高准备金政策是一种金融抑制手段，央行规定商业银行必须持有一定比例的准备金，而不是全部资金都可以用于放贷。这种政策会导致银行可提供给市场的资金减少，因为银行需要留存更多的资金作为准备金，从而限制了它们的贷款能力。由于银行提供给市场的资金减少，可能导致市场上的货币供应不足，从而影响经济运行。为解决市场资金供应不足的问题，中央银行很有可能通过增加货币供应量的方式来满足市场对资金的需求。这种大规模的货币发行，有可能引起商品价格上涨，甚至引起通胀。当央行增发货币时，市场上的货币供应量增加，而商品和服务的供给并没有相应增加，导致货币供应过剩，从而推动物价上涨。如果通货膨胀持续加剧，可能会导致物价飞涨、购买力下降，最终影响到整个经济的稳定和可持续发展。央行应当审慎制定货币政策，避免过度的准备金要求，以免影响银行的贷款能力，导致市场资金供给不足，进而采取增发货币的方式来弥补短缺，最终引发通货膨胀等不利后果。在货币政策制定中，需平衡通货膨胀风险和经济增长的需要，以确保货币供应与实际经济活动相匹配。

第三，政府机构直接干预银行放贷。政府机构直接干预银行放贷是一种常见的金融抑制手段，政府通过干预借贷行为来达到特定的经济政策目标。这种干预可能表现为政府强制银行向特定行业或项目提供贷款，或者设定利率上限或下限等措施来影响银行的放贷行为。首先，政府机构直接干预银行放贷会导致配给制度的出现。配给制度是指政府通过强制性规定或指导，干预市场资源的配置，将资源分配给政府认为需要支持或发展的领域。这种干预不符合市场供求规律，可能导致资源配置效率低下，使得资源无法流向最具生产力和效益的领域。其次，配给制度会导致经济运行效率低下。由于政府干预导致资源配置不灵活、市场机制扭曲，企业难以根据市场需求和竞争状况做出最优的决策，从而影响了经济的运行效率，阻碍了经济的持续增长。最后，配给制度也容易滋生贪污腐败的现象。政府机构直接干预银行放贷可能会导致一些不正当的行为，例如银行官员或政府官员利用其权力地位获取不当利益，以换取放贷机会或优惠条件，从而损害了金融市场的公平竞争环境，加剧了贪污腐败的风险。

3.金融深化论

麦金农和肖针对金融抑制现象这一问题，提出了"金融深化论"理论，亦称"金融自由化理论"。这一理论指出，在欠发达的国家，由于政府过分干预金融市场，导致了经济发展的停滞。这一理论观点主要包括以下几个方面：一是促进金融市场发展，金融自由化政策有助于促进金融市场的发展和完善，使得金融机构更加灵活和高效地运作。通过放开金融市场的管制和限制，吸引更多金融机构进入市场，提高金融服务的多样性和竞争性，为经济提供更多的融资渠道和金融产品，从而促进经济的发展。二是提高金融效率和创新，金融自由化有助于提高金融市场的效率和创新能力。由于竞争的加剧和市场的开放，金融机构将更加注重提高服务质量和降低成本，推动金融产品和服务的创新，满足不同经济主体的需求，促进资源的有效配置和利用，提高经济效益。三是吸引外部资金和技术，金融自由化政策有助于吸引外部资金和技术流入，促进国际金融市场的互动和合作。开放的金融市场能够提升国家的金融声誉和吸引力，吸引外国投资者和金融机构进入市场，带来更多的资金和技术支持，促进经济的发展和国际化。四是降低金融风险和阻碍，金融自由化有助于降低金融风险和阻碍，提高金融市场的透明度和稳定性。通过市场竞争和监管机制的完善，金融机构将更加注重风险管理和规范经营，减少金融市场的不良影响和风险传导，保证金融市场健康发展。

所以，政府主管部门应当停止对金融市场的过分干预，让金融资源在市场机制下自由流通，并通过供给和需求两方面的共同努力，最终实现金融市场的均衡。然而，这一理论也建立在一个假定国家的金融市场处于瓦尔拉斯均衡的基础上。瓦尔拉斯均衡是指市场供求达到平衡状态，即市场上所有商品和服务的供给量与需求量完全匹配，价格也达到了均衡水平。在金融市场中，瓦尔拉斯均衡状态意味着资金的供给与需求完全平衡，利率和资产价格也处于均衡状态。只有在这种完全的瓦尔拉斯均衡状态下，金融市场才能实现最有效的资源配置和最佳的经济运行。在完全的瓦尔拉斯均衡状态下，金融市场能够充分发挥市场机制的作用，实现资源的有效配置和优化配置，促进经济的增长和发展。此时，市场参与者能够准确地获取信息、做出理性的决策，资金能够流动自由、价格能够反映市场供求关系，从而实现最佳的经济效益。然而，现实中金融市场往往并不处于完全的瓦尔拉斯均衡状态。存在着信息不对称、市场垄断、外部干预等因素，导致市场资源配置存在失灵和效率低下的问题。在这种情况下，金融自由化政策可能会带来一些负面影响，如金融泡沫、风险传导、市场崩溃等，进而影响经济的稳定和可持续发展。因此，在实施金融自由化政策时，必须考虑金融市场的实际情况，逐步推进改革，完善市场机制和监管体系，以促进金融市场向瓦尔拉斯均衡状态靠拢，实现更好的资源配置和经济增长。同时，也需要注意风险管理和监管，避免出现金融市场失序和系统性风险。

但是在现实中，金融市场的信息往往不是公开透明的，且金融市场的参与者并非满足"经济人"的理性状态等。金融深化论主张金融自由化政策，认为不发达国家政府对金融市场的过度干预会抑制经济增长。然而，金融深化论也存在一定的缺陷，其中之一是在实践中可能导致金融市场自由化程度过高，从而导致市场的混乱与不稳定。东南亚各国在20世纪90年代曾发生过一次严重的金融危机，这一事件成为金融深化论存在缺陷的一个明显例证。在这场危机中，东南亚国家的金融市场过度自由化导致资金的大规模流动、投机活动和过度杠杆化，最终引发了金融市场的崩溃和经济的严重衰退。这一危机揭示了金融自由化政策可能带来的风险和副作用，警示了金融市场过度自由化可能导致的负面后果。金融市场过度自由化可能导致的问题包括：资本流动引发的波动和不稳定性，过度自由化的金融市场可能导致资本的大规模流动，加剧市场的波动和不稳定性，增加了金融风险；市场投机和过度杠杆化，自由化可能诱发市场参与者的投机行为和过度杠杆化，增加金融市场的脆弱性，容易引发危机；缺乏监管和风险控制，过度自由化可能导致监管不足和风险控制不当，使得金融市场无法有效应对外部冲击和内部风险。

金融深化论在实践中需要谨慎考虑金融自由化政策的实施方式和程度，避免过度自由化带来的负面影响。要强化监督与风险管理，构建一个良好的金融市场机制与监督系统，以保证金融市场的稳定性与可持续性。同时，也需要综合考虑国家的实际情况和金融市场的特点，寻找适合本国国情的金融改革路径，以实现经济的可持续增长和稳定发展。

4.金融约束论

20世纪90年代后期，随着东南亚金融危机的频繁发生，许多学者对金融深化论中的一些问题进行了重新思考。托马斯·F.赫尔曼、凯文·C.穆尔多克和约瑟夫·E.斯蒂格利茨等人都认为，金融深化理论必须在符合瓦尔拉斯均衡的前提下，才有可能让金融市场自由发展。事实上很明显，大部分发展中国家并不符合这一先决条件。所以，对于发展中国家来说，金融市场的发展至关重要，因为良好运作的金融市场可以促进经济增长、创造就业机会、吸引投资等。然而，在金融市场发展过程中，过度的政策干预和过度自由化都可能导致负面影响。具体来说，这种观点强调以下几点：

政府作为市场参与者，在金融市场正常运转时，政府应该保持适度的距离，不过多干预市场的运作。政府可以通过制定法规、提供监管、保护投资者权益等方式，为市场提供良好的环境，促进市场的健康发展。政府作为调控者，当金融市场出现失衡、泡沫、风险积聚等问题时，政府应该及时介入，扮演"调控者"的角色。政府可以通过实施货币政策、财政政策、监管措施等手段，引导市场回归稳定状态，防范金融风险，保障经济的稳定发展。

这种"相机抉择"的政府角色理念旨在在保持市场自由度和效率的前提下，确保金融市场的稳定和健康发展。政府不应过度干预市场，但也不能完全放任市场自由发展，而是需要根据市场情况和需要，灵活运用政府的干预措施，以维护金融市场的稳定和公平，促进经济的可持续增长。这种"小政府大市场"状态的追求有助于平衡政府与市场之间的关系，实现金融市场的良性发展。

2.2.1.2 金融排斥理论

莱申与斯里福特在1993年首次提出了金融排斥理论，并对其进行了深入的探讨。20世纪90年代后期，学术界开始把金融排斥从地理排斥扩展到地理、评估、条件、价格、营销、自我排斥等六个维度。地理排斥是指在边远地区，因缺乏有效的金融服务组织，致使当地居民或团体在获取金融服务方面遇到困难。这一问题在发展中国家尤其是边远地区尤为明显，导致金融资源分配不均，从而影响到地方民众对金融的包容程度及经济发展。地理排斥可以从以下情况展开论述：

金融服务机构缺乏。在偏远地区或贫困地区，金融服务机构的设立和运营成本较高，导致银行、信用社、金融公司等金融机构不愿意进入这些地区。在偏远地区或贫困地区，人口通常较少且分布分散，这导致金融服务机构在这些地区设立分支机构或网点的成本较高。由于客户数量有限，金融机构难以实现规模经济，从而影响了盈利能力。偏远地区或贫困地区的基础设施通常不完善，包括交通、通信、电力等方面，这增加了金融服务机构的运营成本和风险。缺乏便捷的交通和通信设施会影响金融机构的业务拓展和风险管理。在偏远地区或贫困地区，由于经济条件较差、信息不对称等因素，金融服务机构可能面临更高的信用风险、市场风险和操作风险。这些风险增加了金融机构进入这些地区的不确定性和成本。一些地区可能存在特定的法律法规或监管限制，使得金融服务机构在这些地区的设立和运营更加困难。监管要求的提高和合规成本的增加也是金融机构不愿意进入偏远或贫困地区的原因之一。缺乏金融服务机构意味着当地居民无法方便地获得储蓄、贷款、支付等金融服务，限制了他们的经济活动和发展机会。交通、通信等基础设施不完善，偏远地区通常交通不便、通信不畅，这使得金融机构难以覆盖这些地区，也使居民难以与金融机构进行有效的沟通和交易。缺乏基础设施会加剧地理排斥现象，使得金融服务无法有效地辐射到偏远地区。金融科技应用不足，在一些偏远地区，金融科技应用水平较低，缺乏便捷的移动支付、电子银行等金融服务方式。缺乏金融科技应用也会加剧地理排斥现象，使得当地居民无法享受到现代化的金融服务。解决地理排斥问题需要综合考虑政府、金融机构和科技企业等多方力量。政府可以通过制定政策、提供激励措施、改善基础设施等方式，吸引金融机构进入偏远地区；金融机构可以探索创新的服务模式，降低运营成本，提供更多金融服务；科技企业可以推动金融科技在偏远地区的应用，提升金融服务的覆盖范围和效率。通过各方合作，可以逐步解决地理排斥问题，促进金融包容性和经济发展的均衡。

评估排斥是指为了控制风险，金融机构对自己的理财产品设定了很高的购买限额，这样一些弱势群体就很难获得最起码的金融服务。这种现象在金融市场中较为常见，造成金融服务的不平等和不包容，进而影响了弱势群体的金融包容性和经济参与机会。具体来说，评估排斥可能表现在以下几个方面：

一是高门槛的金融产品。金融机构为了降低风险，可能设置较高的购入门槛，例如要求一定的存款金额或最低的收入水平才能购买某些金融产品，这使得一些弱势群体无法达到购买的条件。高门槛的金融产品会使部分人群难以享受到金融服务，限制了他们的金融包容性和经济发展机会。二是严格的风险评估标准。金融机构在进行风险评估时可能采用严格的标准，要求申请人提供多项资料或拥有良好的信用记录，这对一些弱势群体来说可能是难以达到的要求。过于严格的风险评估标准会排斥一些弱势群体，使他们无法获得金融产品或服务，从而加剧了金融服务的不平等。三是缺乏针对弱势群体的定制化产品。金融机构可能缺乏针对弱势群体的定制化产品，导致这些群体无法找到适合自己需求的金融产品。缺乏定制化产品也会使弱势群体难以融入金融市场，限制了他们的金融包容性和经济参与。解决评估排斥问题需要金融机构在风险控制的同时，更加注重金融包容性和社会责任。金融机构可以通过降低购入门槛、优化风险评估标准、推出定制化产品等方式，为弱势群体提供更多金融服务机会，促进金融包容性和经济发展的均衡。政府、监管机构和社会组织也可以通过监督、引导和政策支持等手段，推动金融机构更好地为社会经济发展中的弱势群体提供普惠、公平的金融服务。

条件排斥是指金融机构在发放贷款时经常会提出一些烦琐的附加条件，但对于个人和中小企业来说，他们经常很难符合这些条件，从而被排除在外。这种现象在金融市场中普遍存在，给个体和中小企业带来了获得融资和金融服务的困难，限制了他们的经济发展和创业机会。具体来说，条件排斥可能表现在以下几个方面：一是复杂烦琐的申请流程。金融机构在放贷时可能要求借款人提供大量的资料和文件，需要经过烦琐的审核流程，这对于个体和中小企业来说可能是难以承受的负担。复杂的申请流程会增加办理贷款的时间和成本，使得一些个体和中小企业望而却步，错失了获得资金支持的机会。二是高额的抵押要求。金融机构在放贷时可能要求借款人提供高额的抵押物作为担保，这对于个体和中小企业来说可能是难以满足的条件。高额的抵押要求使得个体和中小企业难以获得融资支持，限制了他们的发展和扩张计划。三是高昂的利率和费用，金融机构在放贷时可能设置高昂的利率和费用，使得个体和中小企业难以承担贷款成本。高昂的利率和费用会增加借款人的负担，降低了他们对金融服务的需求和获得贷款的积极性。解决条件排斥问题需要金融机构在放贷时更加注重灵活性和客户需求，为个体和中小企业提供更加友好和适应性强的金融服务。金融机构可以简化申请流程、降低抵押要求、合理设置利率和费用等方式，为个体和中小企业创造更多获得融资支持的机会，促进和激发他们的经济发展和创业活力。政府、监管机构和社会组织也可以通过政策支持、培训和指导等方式，推动金融机构更好地服务个体和中小企业，实现金融服务的普惠性和可持续性。

价格排斥是指即使金融机构想要资助弱势人群，但是因为融资成本远远超出了这些人的承受能力，所以他们最终还是不能得到想要的服务。这种现象在金融市场中也是比较普遍的，给弱势群体带来了获得融资和金融服务的障碍，限制了他们的经济发展和社会参与的机会。具体来说，价格排斥可能表现在以下几个方面：

　　一是高昂的利率和费用。金融机构为弱势群体提供资金时可能设置高昂的利率和费用，使得融资成本远远超过这部分群体的承受能力。高昂的利率和费用会增加借款人的负担，使得弱势群体难以获得贷款支持，限制了他们的经济发展和社会融入的机会。二是高额的抵押要求。金融机构可能要求弱势群体提供高额的抵押物作为担保，这对于他们来说可能是难以满足的条件。高额的抵押要求使得弱势群体难以获得融资支持，限制了他们解决资金需求和发展的途径。三是缺乏定制化产品和服务，金融机构缺乏针对弱势群体的定制化产品和服务，使得这部分群体无法获得符合其需求和能力的金融服务。缺乏定制化产品和服务导致弱势群体难以获得贷款支持，限制了他们的经济发展和社会参与的机会。解决价格排斥问题需要金融机构重视弱势群体的特殊需求和能力，为他们提供更加合理和可承受的金融服务。金融机构可以降低利率和费用、减少抵押要求、推出定制化产品和服务等方式，为弱势群体创造更多获得融资支持的机会，促进他们的经济发展和社会融入。政府、监管机构和社会组织也可以通过政策支持、宣传教育和社会扶贫等措施，推动金融机构更好地服务弱势群体，实现金融服务的普惠性和公平性。

　　营销排斥是指金融机构由于追求利润最大化，更倾向于为信用良好、实力雄厚的大客户提供服务，而忽视了金融弱势群体的需求，导致缺乏能供金融弱势群体选择的产品和服务。这种现象在金融市场中比较常见，给金融弱势群体带来了获得金融服务的困难，限制了他们的经济发展和社会融入的机会。具体来说，营销排斥可能表现在以下几个方面：

　　一是重点服务于大客户。金融机构由于追求高额利润，更倾向于服务信用良好、实力雄厚的大客户，因为这些客户的交易规模更大、利润更高。金融机构将更多资源和精力投入服务大客户，而忽视了金融弱势群体的需求，导致这部分群体难以获得适合自身情况的金融产品和服务。二是缺乏面向弱势群体的产品和服务。由于金融机构更倾向于服务大客户，它们往往缺乏针对金融弱势群体的产品和服务。缺乏面向弱势群体的产品和服务使得这部分群体无法获得满足自身需求的金融支持，限制了他们的经济发展和社会融入的机会。三是忽视弱势群体的金融需求，金融机构可能忽视金融弱势群体的特殊需求和能力，将他们视为高风险客户而不愿意提供服务。忽视弱势群体的金融需求导致他们难以获得金融支持，限制了他们的经济发展和社会融入的机会。解决营销排斥问题需要金融机构重视金融弱势群体的需求，开发针对这部分群体的产品和服务。金融机构可以通过推出定制化产品、降低门槛、提供金融教育等方式，为金融弱势群体创造更多获得金融支持的机会，促进他们的经济发展和社会融入。政府、监管机构和社会组织也可以通过政策支持、宣传教育和社会扶贫等措施，推动金融机构更好地服务金融弱势群体，实现金融服务的普惠性和公平性。

自我排斥是指金融长尾群体由于缺乏金融意识、专业知识等原因，使得他们不太愿意进入金融市场，从而导致自身在金融领域的边缘化和被排斥。这种现象在金融市场中比较普遍，给长尾群体带来了获得金融服务的困难，限制了他们的金融包容性和发展机会。具体来说，自我排斥可能表现在以下几个方面：

一是缺乏金融意识。部分长尾群体缺乏金融知识和意识，不了解金融市场的运作规则和金融产品的种类，因此对金融市场存在陌生感和不信任感。缺乏金融意识使得长尾群体不愿意主动进入金融市场，错失了获得金融服务和实现财务目标的机会。二是缺乏专业知识。部分长尾群体由于缺乏金融专业知识，无法理解复杂的金融产品和服务，也不知道如何选择适合自己的金融工具。缺乏专业知识使得长尾群体不敢轻易涉足金融市场，担心会受到欺诈或损失，从而选择远离金融领域。三是金融市场壁垒。金融市场存在一定的壁垒，如开户门槛高、手续复杂、信息不对称等，使得长尾群体难以进入和参与金融市场。金融市场壁垒加剧了长尾群体的自我排斥现象，使得他们更加远离金融市场，错失了获得金融支持的机会。

解决自我排斥问题需要多方共同努力。金融机构可以通过开展金融教育、简化金融产品、降低门槛等方式，帮助长尾群体增强金融意识和专业知识，促进他们更好地融入金融市场。政府、监管机构和社会组织也可以通过政策支持、宣传教育和社会扶贫等措施，为长尾群体创造更加包容和友好的金融环境，促进他们参与金融市场，实现金融包容性和公平性。

金融排斥导致金融市场呈现出"二八"现象，即少数富裕人群占据了大部分金融资源和机会，而多数贫困人群则面临融资困难和发展机会的缺失。这种现象直接导致了贫富差距的加剧，使得穷人更穷、富人更富，加剧了社会的两极分化现象。融资困难，由于金融排斥，贫困人群往往无法获得金融机构的融资支持，难以获得资金用于创业、投资或消费，限制了他们的经济发展和社会融入。富裕人群拥有更多的金融资源和机会，容易获得融资支持，进而实现更好的投资回报和财富积累，导致贫富差距逐渐拉大。发展机会缺失，金融排斥使得贫困人群无法获得金融服务和支持，限制了他们的发展机会和社会进步的可能性，导致其处于社会发展的边缘位置。富裕人群则能够通过金融市场获得更多的发展机会和资源，推动个人和家庭的财富增长，进一步扩大了贫富差距。社会两极分化，贫富差距的加剧导致社会出现了明显的两极分化现象，富裕人群日益富裕，贫困人群则陷入贫困困境，造成社会的不公平和不稳定。这种两极分化现象不仅影响了个体的经济状况，也影响了整个社会的发展和稳定，加剧了社会矛盾和不平等现象。我国改革开放以来贫富差距逐渐加大，其中的一个重要原因就是金融排斥。

解决这一问题需要金融机构、政府和社会共同努力。金融机构可以通过创新金融产品、降低融资门槛、开展金融教育等方式，促进贫困人群获得金融服务和支持。政府可以制定政策措施，加强监管，推动金融包容性发展，为贫困人群提供更多的发展机会。社会组织可以开展公益活动，提高社会对贫困人群的关注度，促进社会的公平和包容。通过多方合作，可以缓解金融排斥带来的贫富差距和社会两极分化问题，实现社会的稳定和可持续发展。

2.2.1.3 普惠金融理论

金融排斥指的是金融体系无法有效覆盖所有社会群体，特别是弱势群体和低收入群体，导致这些群体无法获得必要的金融服务。这种排斥现象直接导致了贫富差距的进一步扩大，并使得经济社会发展出现不协调、不稳定等一系列问题。弱势群体无法获得金融服务，使他们难以通过合法渠道获取资金支持，进而限制了其经济活动和生活改善。这不仅阻碍了个体的发展，也对整个社会的和谐稳定产生了负面影响。为了解决这个问题，"普惠金融"这一理念在2005年国际小额信贷年会议上被提了出来。普惠金融是指在公正平等和商业可持续的基础上，向小微企业、农民、贫困人口等有金融需要的弱势群体提供合适、高效的金融服务。普惠金融的目标是通过金融服务的普及和优化，消除金融排斥现象，促进社会的公平和经济的可持续发展。普惠金融的重点有两个方面：一是"普"，就是指金融机构在提供服务的时候，不能只盯着某一特定人群，而要保证每个有需要的顾客都能进入金融市场，买到自己所需的金融产品。无论是城市居民还是农村居民，无论是高收入人群还是低收入人群，都应该平等地享受金融服务的便利。二是"惠"，即在商业可持续的原则下，为金融弱势群体提供的服务，对借款方来说应该是成本可接受的。如果金融服务的成本过高，弱势群体难以负担，那么普惠金融的意义就会大打折扣。因此，普惠金融不仅要覆盖广泛的人群，还要确保这些服务是经济上可行的。普惠金融有效运作的前提是完善的基础设施建设。没有健全的金融基础设施，普惠金融就难以实现。完善的基础设施包括发达的银行网络、便利的支付系统、广泛的金融产品以及健全的法律和监管框架等。此外，普惠金融的运作还依赖于传统金融机构的发展。传统金融机构在提供普惠金融服务中扮演着重要角色，它们需要通过创新和改革，提升自身的服务能力和扩大覆盖范围。然而，由于普惠金融的助贫性质与金融机构以营利为目的的追求相去甚远，这也是普惠金融提出多年来，金融机构一直表现出内冷外热的原因。金融机构需要在追求商业利益的同时，兼顾社会责任，这对它们提出了更高的要求。数字普惠金融的出现为普惠金融的发展注入了新的活力。数字普惠金融凭借互联网技术的发展，极大地降低了金融机构服务偏远地区弱势群体的交易成本，提高了交易效率。通过移动支付、在线借贷等数字化手段，金融服务变得更加便捷和高效。此外，数字普惠金融的应用还可以提高交易的透明度，减少道德风险。利用大数据和人工智能技术，金融机构可以对借款人的信贷风险进行更加精确的评价，降低了金融服务的风险成本。数字普惠金融的这些优势使得金融机构真正愿意为这部分受传统金融市场排斥的群体提供服务。数字普惠金融不仅帮助金融机构实现了商业可持续性，还有效解决了传统普惠金融面临的诸多难题。因此，数字普惠金融的出现可以说是普惠金融得以真正发挥作用的标志。数字化普惠金融极大地拓展了金融服务的范围，提高了服务的品质与效率，对社会公平与经济发展起到了积极的推动作用。所以，数字化普惠金融就是普惠金融发展的一个重要迹象。

2.2.2　经济增长理论

经济高质量发展是一个国家综合实力的表现，当然也是国家在发展过程中必不可少的重要板块。为了实现经济高质量发展，一个国家需要采取一系列措施，包括推动创新、提高教育水平、加强环境保护、优化资源配置等。推动创新是实现经济高质量发展的关键因素，通过鼓励企业研发和创新，可以提高产品和服务的质量和附加值，从而增强国家的国际竞争力。此外，政府还可以通过建立科技创新园区和提供税收优惠等措施，来吸引更多的企业和投资者到本国投资和创新。提高教育水平也是实现经济高质量发展的重要因素，通过提高教育水平和技能培训，可以提高劳动力的素质和能力，从而提高生产力和创新力。政府可以加大对教育领域的投资，建设更多的学校和培训机构，推广在线教育和远程教育等新型教育模式，来提高教育覆盖率和质量。加强环境保护是实现经济高质量发展的重要因素，通过加强环境保护和推动可持续发展，可以减少环境污染和资源浪费，提高资源利用效率，从而提高经济的可持续性和环境友好性。政府可以制定更严格的环境保护法规和政策，鼓励企业采用环保技术和绿色生产方式，推广低碳经济和循环经济等新型经济模式。优化资源配置也是实现经济高质量发展的重要因素，通过优化资源配置和提高资源利用效率，可以提高生产力和经济增长速度，从而提高国家的综合竞争力。政府可以加强宏观调控和产业政策，引导资源向高效领域流动，鼓励企业进行兼并重组和优化产业链，提高资源配置效率和产业竞争力。实现经济高质量发展需要采取一系列措施，包括创新、提高教育水平、加强环境保护、优化资源配置等。只有在这些方面取得进展，才能让国家的经济实现可持续发展，从而不断提高国家的综合实力和国际竞争力。

经济发展一直是一个重要的学术领域，作为宏观研究的重要组成部分，许多学者提出了许多与经济有关的理论，本节将介绍相关的理论，这些理论对了解经济高质量发展的意义有着非常重要的作用。

2.2.2.1　经济发展理论

经济作为宏观研究的一个重要内容，历来是学术界关注的焦点，同时，它也反映了一个国家的国力，对一个国家的发展起着至关重要的作用。在均衡分析的基础上，人们建立了各种经济模型，以考察长时期运转状态下的经济。均衡分析是经济学中的一种重要方法，旨在研究市场中供给与需求之间的平衡状态。

1.均衡分析的基本概念

（1）市场均衡：市场均衡是指在一定时期内，市场供给与需求之间达到一种相对稳定的状态，此时商品的成交价格和成交数量不再发生变化。市场均衡可以分为一般均衡和局部均衡。

（2）一般均衡：一般均衡是指在一个经济体中，所有市场之间的供给与需求达到平衡状态。这就意味着所有商品的价格都达到了各自的均衡水平，并且市场上的商品供应与需求相匹配。

（3）局部均衡：局部均衡是指在某个特定市场中，供给与需求达到平衡状态。这种分析关注单一市场或某一商品的供需关系，而不考虑其他市场的影响。

2.均衡分析的原理

（1）供给原理：供给是指生产者在一定时期内，在不同价格水平下愿意并能够提供的商品数量。供给原理认为，商品的供给量与其呈正比关系。即价格上涨，供给量增加；价格下跌，供给量减少。

（2）需求原理：需求是指消费者在一定时期内，在不同价格水平下愿意并能够购买的商品数量。需求原理认为，商品的需求量与其价格呈反比关系。即价格上涨，需求量减少；价格下跌，需求量增加。

（3）均衡原理：均衡原理，在市场竞争中，商品的供给与需求会自发调整，直至达到均衡状态。此时，商品的价格和数量不再发生变化。

3.均衡分析在经济学中的应用

均衡分析广泛应用于经济学中的各个领域，如价格分析、产量分析、政策评价等。以下举例说明均衡分析在经济学中的应用：

（1）分析：通过均衡分析，经济学家可以研究商品价格的变化及其对市场供求关系的影响。例如，分析某种商品价格上涨的原因，以及对消费者、生产者和整个市场的影响。

（2）产量分析：均衡分析可以帮助经济学家研究商品产量在市场均衡状态下的变化。例如，分析某种商品产量增加的原因，以及对资源配置、市场竞争等方面的影响。

（3）政策评价：均衡分析可用于评估政府政策对经济的影响。例如，分析某种政策实施后，市场供求如何变化，以及对商品价格、产量、消费者福利等方面的影响。

均衡分析是经济学中研究市场供求关系的一种重要方法。通过对市场均衡状态的探讨，经济学家可以更好地理解经济现象，为政策制定和市场预测提供理论依据。在实际应用中，均衡分析有助于我们深入剖析价格、产量等经济变量之间的关系，从而为经济决策提供有力支持。

经济增长理论研究的是，要想达到持续性的增长、长期性的稳定状态，国家经济发展所需要的条件。古典经济学提出，要想使经济增长，就必须增加产量，既要依靠资金的积累，也要提高生产效率。在西方，经济增长的理论有着一个比较稳定的框架，有着比较完善的理论，在很长一段时间的发展和演化过程中，已经形成了一套非常成熟的研究模型。马克思对经济增长与西方经济学有着截然不同的理解。马克思把经济增长理论看作扩大再生产，而西方经济学则把经济增长看作在某一段时间里生产出来的最后产物，这两种观点有着很大的不同。马克思强调经济增长的本质在于扩大再生产，即通过技术进步、资本积累和劳动力扩张来实现生产力的不断提升，从而推动社会财富的增加。在这个过程中，生产关系和生产力的发展是相互作用的，生产力的发展推动生产关系的变革，而生产关系的变革又为生产力的进一步发展创造条件。相比之下，西方经济学认为经济增长是一定时期内的最终产品，即国内生产总值（GDP）的增长。这一观点更侧重于市场机制、资源配置和制度因素对经济增长的影响。西方经济学认为，通过优化资源配置、提高市场效率、创新技术和制度安排，可以实现经济增长。西方经济学的增长理论主要关注产出水平的变化，而较少涉及生产关系和生产力的变革。

凯恩斯的《通论》首次提出了经济增长，指出如果国民收入要稳定增长，也就是说"经济增长"，一定需要加大资本的投入，进而扩大生产，最终实现经济的增长。在凯恩斯看来，资本的投入是实现经济增长的关键因素。他指出，如果国民收入要稳定增长，就必须加大资本的投入，扩大生产。这是因为，只有通过增加生产，才能提高国家的财富和收入水平，从而实现经济增长。然而，资本的投入并不是越多越好。凯恩斯也指出，过度的资本投入可能导致生产过剩和经济危机。因此，政府在推动经济增长的过程中，需要适度控制资本的投入，避免产生过剩和浪费。许多国家在推动经济增长的过程中，都采取了加大资本投入的政策。然而，由于资本投入的过度和无序，也导致了资源浪费和环境污染等问题。因此，如何合理控制资本投入，实现可持续发展，是当前经济发展中需要认真思考和解决的问题。凯恩斯的《通论》提出了经济增长的重要条件之一是加大资本的投入，这一观点至今仍具有重要的意义。在实现经济增长的过程中，也需要注意控制资本投入的规模和节奏，避免产生不良后果。

以现代化进程中的社会结构和经济发展的演化过程为主要研究对象，以发展中国家为研究对象。经济增长的内涵是多方面的，在不断深化和发展的过程中，经济发展的理论也随之发展起来。与此形成鲜明对比的是，社会发展的协调均衡、经济运行的稳定与持续才是经济发展理论自身更为重视的要素。从一开始，它被纳入古典经济学的概念范畴，到了后期，其核心的概念基础仍然是古典经济学。古典经济学是经济学史上的一种重要学派，其理论基础主要源于亚当·斯密和大卫·李嘉图等经济学家的著作。他们认为，市场经济具有自我调节能力，通过供求关系的作用，资源会自动分配到最有价值的领域。这种理论在当时的经济学界占据主导地位，对经济发展理论的演变产生了深远影响。随着经济学研究的深入，经济学家发现古典经济学的理论框架在解释一些现实问题时存在局限性。例如，在资本主义发展过程中，贫富差距、失业等问题无法通过市场自我调节得到解决。于是，凯恩斯主义应运而生，其强调政府在经济发展中的积极作用，通过财政政策和货币政策来调控经济。这一理论在20世纪中叶取得了显著的成果，推动了世界各国的经济发展。凯恩斯主义在解决一系列问题时，也暴露出了一些不足。例如，过度干预可能导致市场效率降低、通货膨胀等问题。于是，新古典经济学应运而生，试图在古典经济学和凯恩斯主义之间找到一个平衡点。新古典经济学强调市场机制的作用，同时认为政府在一定条件下可以干预经济，但其干预力度和方式应当遵循市场规律。随着经济学研究的不断拓展，经济发展理论也逐渐丰富和完善。如今，经济学家不再局限于某一种理论，而是根据不同国家的实际情况，灵活运用各种经济理论。例如，我国自改革开放以来，积极借鉴古典经济学、凯恩斯主义和新古典经济学的有益成分，形成了具有中国特色的经济发展理论体系。在实践过程中，我国政府既发挥了市场在资源配置中的决定性作用，又实施了有效的宏观调控，推动了经济持续健康发展。

20世纪50年代，一个国家的国内生产总值，不断增长的整体实力，这种经济的发展，被古典经济学所界定。到了60年代，这样的讨论已经脱离了现实的经济状况，虽然有些国家的经济发展情况不错，GDP也在稳步地增长，但社会问题却层出不穷，对国民经济的稳定和可持续发展构成了威胁，社会保障制度不健全也是原因之一。正因为如此，经济学家逐步对经济发展自身的内涵进行了一定的重建，明确了经济发展与经济增长之间的不同，经济发展不仅是经济社会发展中各个维度之间的共同发展，而且也是国民经济高速增长的一个缩影。即使是在经济发展所涵盖的范围内，社会意识形态、民族文化体制也是其中的重要组成部分。一种繁荣的、可持续的经济学模式也在80年代前后为研究经济发展理论开辟了新的道路。这个时期，全球范围内的经济改革与创新不断涌现，尤其是在亚洲、拉丁美洲和东欧等地区。与以往的经济发展理论相比，出现了很大的分化，这个分化主要体现在对经济发展路径、目标以及手段的不同理解上。传统经济发展理论主要关注的是经济增长的速度和规模，而忽视了经济增长的质量和效益。然而，1980年以后，经济发展理论开始辩证地对待经济发展中的"量"与"质"。学者逐渐意识到，仅仅追求经济增长的数量并不能带来真正的富裕和幸福，相反，还可能带来资源枯竭、环境污染和社会不公等问题。与已有的经济学理论比较，存在着较大的分歧。自那以后，经济发展理论就以"量"和"质"为辩证的观点来看待，各学派之间的理论也逐渐趋于统一。改革开放以来，我国在经济发展的道路上不断探索、前进。我们始终秉持辩证思维，正确处理经济发展的"量"与"质"的关系，以科学发展观为指导，积极推动经济结构调整，追求高质量发展的同时，也高度重视保障和改善民生，努力实现人与自然的和谐共生。几十年的发展历程充分证明，我国经济发展取得了举世瞩目的成就。经济总量跃居世界第二，人民生活水平不断提高，成功实现了从贫穷落后到初步现代化的历史性跨越。在这一过程中，我们不仅关注经济增长的速度，更注重经济的质量和效益。通过深化改革、扩大开放，我国逐步形成了以创新为核心驱动力的发展模式，为全球经济增长贡献了中国力量。

2.2.2.2　区域经济增长理论

经济增长是经济发展的一种层次，当一种经济发展达到某一阶段时，它就会上升到一种更高层次的经济发展，即以高质量的发展为经济增长外延的发展。在面临如何改善经济发展质量的问题时，经济增长必须达到一定程度才能达到。

经济增长理论模型的"先驱"哈罗德–多马模型提出，只有在各因素的投入和产出比例相等时，才能确保经济的稳定可持续发展，并使之与经济增长率相符。

1. 模型基本假设

(1)产出取决于资本和劳动力的投入；

(2)资本和劳动力的投入可以无限制地增加；

(3)技术水平保持不变；

(4)储蓄是经济增长来源。

2. 模型公式

根据上述假设，哈罗德–多马模型得出以下公式：

$$G = sy/v$$

其中，G表示经济增长率，s表示储蓄率，y表示产出与投入的比率，v表示资本和劳动力的投入增长率。

3. 哈罗德–多马模型的实践困境

尽管哈罗德–多马模型为区域经济增长提供了理论指导，但在实际应用中，模型所提出的平衡增长条件却面临着诸多困难：

(1)资本和劳动力投入的有限性：在现实中，资本和劳动力投入并非无限制可增加，受到资源、人口素质、政策等多种因素的制约；

(2)技术进步的不确定性：技术水平并非固定不变，而是受到创新、研发、教育等多种因素的影响，其具有不确定性；

(3)储蓄率的波动：储蓄率受到居民收入水平、利率、金融体系等多种因素的影响，波动较大，不易控制；

(4)经济结构的变化：随着经济发展，产业结构、市场需求、国际贸易等经济结构不断发生变化，对经济增长产生影响。

哈罗德–多马模型作为区域经济增长理论的"先驱"，提供了宝贵的理论启示。然而，在实际应用中，需要充分考虑模型所面临的困境，并结合具体地区实际情况，制定合适的政策，促进区域经济增长。在此基础上，后世经济学家不断完善和拓展经济增长理论，为我国乃至全球经济发展提供了丰富的理论指导。

随后，经济学家索罗金对此进行了进一步的拓展，建立了一种新古典的经济增长模式。索罗模型认为，当一个国家的经济处于某种稳定状态时，只有通过推动技术进步才能确保可持续地提高人均收入，这说明了技术进步在经济发展中的重要地位。他对经典增长模型的假设进行了拓展，从而构造了一种更为实际的新古典主义增长模型。这一模型认为，当一个国家的经济发展到一个稳定的阶段之后，要实现人均 GDP 的持续增长，就必须依靠科技进步。科技进步是经济发展的关键因素。首先，技术进步能够提高生产效率，降低生产成本。在生产过程中，企业通过技术创新可以提高劳动生产率，从而在相同时间内生产更多的产品。这将有助于企业扩大市场份额，提高利润水平。同时，技术进步还可以帮助企业降低生产成本，提高竞争力。其次，技术进步能够促进产业升级。随着技术的不断发展，新兴产业不断涌现，传统产业逐渐衰退。这种产业结构的变动有助于提高整体的生产力水平。新兴产业通常具有较高的技术含量和附加值，能够为经济增长提供更多的动力。此外，技术进步还能带来劳动力素质的提升。随着技术的不断进步，劳动力市场对高素质人才的需求日益增加。这将促使劳动力提高自身素质，通过教育和培训等方式提升技能水平。高素质的劳动力有助于提高生产效率，推动经济增长。然而，技术进步并非一蹴而就。在实际经济活动中，技术进步往往需要大量的研发投入和人才培养。此外，技术成果的转化和推广也需要相应的政策支持。因此，政府在推动技术进步方面扮演着重要角色。政府可以通过加大研发投入、完善人才培养体系、优化创新环境等措施，促进技术进步。总之，在新古典主义增长模型下，技术进步对经济发展具有举足轻重的作用。为了实现人均收入的可持续增长，我们必须重视技术进步，积极推动创新，为经济增长提供源源不断的动力。在这个过程中，政府、企业和社会各界都需要共同努力，为技术进步创造良好的环境。只有这样，才能为实现经济的高质量发展奠定坚实基础。在新古典主义增长模型中，技术进步不仅是一个关键的驱动力，而且它的作用在很大程度上决定了经济的长期表现。索罗模型进一步强调了以下几个方面：

全要素生产率（total factor productivity，TFP）：索罗模型中将技术进步量化为全要素生产率的提高。TFP是指在给定投入（资本和劳动）的情况下，产出水平的变化。技术进步通常会提高TFP，从而推动经济增长。

知识积累和扩散：技术进步依赖于知识的积累和扩散。这包括科学研究、工程创新、管理和组织实践等方面的知识。知识的积累需要教育、研究和开发（R&D）以及技术转移等活动的支持。创新和模仿：索罗模型区分了创新和模仿在技术进步中的作用。创新是指首次开发新技术或产品，而模仿则是指企业采用已经被其他企业证明有效的技术。在不同的经济环境中，创新和模仿的重要性可能会有所不同。政策环境：政府政策对技术进步至关重要。例如，通过提供研发补贴、保护知识产权、投资教育系统和建设基础设施，政府可以刺激技术进步和创新。国际贸易和全球化：全球化为技术进步提供了新的机会。通过国际贸易，国家可以接触到更多的技术，加速技术的传播和采用。同时，全球竞争也激励企业不断创新以保持竞争力。人力资本的重要性：索罗模型强调了教育和对技能培训的投资对于技术进步的重要性。一个高度教育化和技能化的劳动力能够更有效地吸收和应用新技术。在实践过程中，为了确保技术进步能够持续推动经济增长，需要采取一系列的措施：

加大研发投入：企业和政府都应该增加对研发的投资，以促进新技术的发现和应用。教育和培训：投资于教育和职业培训，以提高劳动力的技能和适应性。政策激励：通过税收优惠、补贴和其他激励措施，鼓励企业进行创新和技术升级。基础设施投资：建设必要的基础设施，如交通、通信和能源网络，以支持技术的传播和应用。促进竞争和创业：创造一个有利于竞争和创业的环境，鼓励新企业的成立和成长。国际合作：通过国际合作和交流，引进外国技术并促进本土技术的国际化。通过这些措施，可以形成一个支持技术进步和创新的环境，从而在新古典主义增长模型中实现可持续的经济增长。

然而，索罗模型并没有进一步详细解释技术进步从何而来，它只是将技术进步假设成了一个存在的外生变量，对科技的进步原因提供了解释，并且解释了经济的增长过程，后来，学者建立了内生增长模型，并提出了内生增长理论，以实现对科技创新过程的更全面认识。传统的经济增长模型中，技术进步被视为一个外生变量，即经济系统之外的因素决定技术进步。然而，这种观点无法解释技术进步是如何在经济系统中产生和传播的，也无法解释科技创新的内在机制。为了解决外生增长模型的问题，学者提出了内生增长模型。内生增长模型将技术进步视为一个内生变量，即技术进步是由经济系统内部的因素决定的。这种模型认为，科技创新是可以通过经济政策、制度安排、人力资本投资等内部因素来推动的。自内生增长模型提出以来，学者不断对其进行完善和发展。代表性的内生增长模型包括AK模型、Romer模型和New Growth模型等。这些模型从不同角度探讨了科技创新的内生动力和影响因素。

内生增长理论认为，科技创新是经济增长的关键因素，它可以提高生产效率、降低生产成本、创造新的市场需求等。科技创新不仅能推动经济增长，而且能带来更多的科技创新。强调知识积累在科技创新中的重要作用。知识积累可以通过教育、培训、研发等活动来实现。知识积累的增加可以提高科技创新的效率和速度。政策和制度对科技创新具有重要影响。政府可以通过财政、金融、税收等政策手段来激励科技创新。同时，良好的制度安排可以保护知识产权、降低交易成本、促进科技创新等。

内生增长模型和内生增长理论的提出，为我们深入研究科技创新过程提供了新的视角和分析工具。通过内生增长模型，可以更好地理解科技创新的内生动力和影响因素，从而为政策制定者和企业提供有益的指导。然而，内生增长模型也存在一些局限性，如过于简化经济系统、假设条件过于理想等。因此，在实际应用中，我们需要结合具体情况，综合运用多种模型和理论来分析科技创新问题。

内生增长模型在实际应用中主要体现在政策制定、产业规划和企业发展等方面。例如，政府可以依据内生增长理论，通过制定研发补贴、税收优惠、知识产权保护等政策，来激励企业进行科技创新。同时，地方政府也可以根据内生增长模型，规划高新技术产业发展区，打造创新生态，吸引人才和资本，促进科技创新和经济增长。尽管内生增长模型为我们提供了理解科技创新的重要工具，但在实际应用中，也面临着一些挑战。内生增长模型往往假设市场完全竞争，实际情况中市场可能存在垄断、信息不对称等问题。此外，内生增长模型对人力资本、知识积累等变量的重要性给予了高度重视，但在具体实施过程中，如何准确衡量和评估这些变量对经济增长的贡献，也是一个难题。

在当今社会，经济发展已经成为全球各国共同关注的核心问题。经济发展不仅关乎国家的繁荣富强，更是关系到人民生活水平的提高和社会进步的重要因素。经济发展理论经历了从古典经济学到新古典经济学，再到现代经济学的演变，其中协调发展理论是现代经济学中一个重要的理论分支。协调发展理论是平衡发展理论与不平衡发展理论二者的有机统一。平衡发展理论是以新古典宏观经济学为基础，提出了市场结算和要素自由流动的假设。从长远来看，资本和劳动力是推动经济增长的最基本因素，在市场经济环境下，它可以无限制地流动，而流动性则可以确保劳动力和产品市场总是处于供需平衡。从长远观点出发，平衡发展理论认为，资本与劳动是促进经济发展的两个基本因素。在市场经济中，只有资金与劳动力的自由流动，才能确保劳动力和商品的市场总是处于供需均衡的状态。这样，资源就可以在各个领域和地区之间实现优化配置，从而促进经济增长。平衡发展理论认为，在经济发展的初期，各地区的发展不均衡只是暂时性的，从长远来看，在市场机制的影响下，要素可以被合理地流通和分配，随着资金和劳动力的自由流动，资源禀赋的差距会逐渐缩小，从而使整个经济最终实现一个和谐发展的状态。然而，在现实世界中，市场并不总是能够实现完全的平衡发展。因此，不平衡发展理论应运而生。

不平衡发展理论认为，在市场经济体制下，由于各种外部因素的影响，市场可能会出现失灵现象，导致资源配置的不平衡。这种不平衡可能会导致一些地区或国家的经济落后，而另一些地区或国家的经济过度发展。在经济发展初期，原始的地理环境所导致的自然资源的不同，以及依赖于这些天然的自然条件所带来的科学技术的优势，都无法自发地消失。一些地区由于丰富的自然资源和优越的地理位置，容易形成科技优势，从而推动经济的快速发展。而另一些地区则由于自然资源匮乏和地理条件的限制，经济发展相对滞后。这种依靠天然条件产生的科技优势和经济差距在短时间内难以消除，导致地区间经济发展的不平衡。不平衡现象在我国各地区经济发展中表现得尤为明显。以东西部地区为例，东部地区由于地理位置、自然资源和政策优势，经济发展水平较高，而西部地区由于地理位置偏远、自然资源匮乏和政策扶持不足，经济发展相对滞后。此外，城乡之间、沿海与内地之间也存在明显的经济发展不平衡现象。这些不平衡现象的成因主要在于地理条件、自然资源和政策扶持等方面的差异。针对经济发展不平衡现象，需要采取有效措施刺激贫困地区的经济发展。首先，要加大对贫困地区的政策扶持力度，包括税收优惠、财政支持、土地政策等方面。其次，要优化资源配置，推动优势资源向贫困地区流动，提高资源利用效率。此外，还要加强基础设施建设，提高贫困地区的交通运输、通信等基础设施水平。最后，要注重人才培养和引进，提高贫困地区的科技创新能力。

有些情况是无法避免的，比如区域之间的经济发展不均衡，要想消除某些不均衡的现象，就必须采取切实有效的措施，促进贫穷地区的经济发展，但前提是这些失衡由客观原因所致。首先，完善基础设施建设。基础设施是经济发展的基石，贫困地区往往基础设施落后，制约了当地经济的发展。政府应加大对贫困地区基础设施建设的投入，提高交通、通信、水利等基础设施水平，为贫困地区经济发展创造有利条件。其次，优化产业结构。贫困地区往往产业结构单一，容易受到市场波动的影响。政府应引导贫困地区调整产业结构，发展多元化经济，提高当地经济的抗风险能力。同时，鼓励贫困地区发展特色产业，发挥资源优势，提高产品附加值。加强人才培养和引进。人才是推动经济发展的关键因素。政府应加大对贫困地区人才培养的投入，提高教育水平，培育本地人才。同时，采取优惠政策，吸引外部人才到贫困地区工作和生活，为当地经济发展提供人才支持。最后，加大政策扶持力度。政府应进一步完善针对贫困地区的政策体系，确保政策落实到位。通过财政补贴、税收优惠、金融支持等手段，降低贫困地区企业成本，激发市场活力。地区间不平衡的经济发展是一个复杂的问题，需要我们从多个层面共同努力。因此，必须采取切实有效的政策，促进贫困地区的经济发展，才能在很大程度上缓解和改善贫困地区发展中的不均衡问题。但前提条件是，失衡状态是由客观因素引起的，而我们有信心也有能力通过不懈努力，逐步缩小地区间的发展差距，实现国民经济全面协调发展。

3 影响机制与研究假设

3.1 数字普惠金融促进经济高质量发展

基于已有的理论和实证研究，本书将系统地验证和归纳数字普惠金融促进高质量发展的机制。对于数字普惠金融对经济增速的影响，大多数学者认为数字普惠金融作为金融的一种发展模式能够提升经济发展速度（褚翠翠 等，2021；杨刚、张亨溢，2022）。为此，本书将深入研究数字普惠金融是怎样通过对创新发展、协调发展、绿色发展、开放发展和共享发展这五个方面内容的影响，从而推动实现经济高质量发展。

3.1.1 数字普惠金融对创新发展的影响

3.1.1.1 数字普惠金融激发创新活力

在当今经济高质量发展的背景下，创新不仅是推动经济增长的重要引擎，也是塑造产业竞争力和提升国家整体实力的关键因素。创新对经济高质量发展具有不可取代的推动作用，可以说，创新水平决定着一国经济高质量发展的基调。

在我国经济发展新常态的背景下，规模小、资产轻的中小型企业以及私营企业已成为我国创新的主体。出现这一现象的一个重要原因就是它们拥有很强的革新潜能。相较于大型企业，中小微企业和民营企业更具灵活性和敏捷性，能够更快地适应市场的变化和消费者的需求。它们通常具有更加开放的组织结构和创新氛围，能够更容易吸纳和培育创新人才，推动创新理念的落地和实践。此外，这些企业往往处于产业链的中下游，直接接触到市场需求和技术变革的前沿，因此更容易察觉到市场机遇，并能够灵活调整产品和服务，实现创新发展。另外，中小微企业和民营企业在创新行为中的主导地位还得益于它们在市场竞争中的地位。由于市场竞争激烈，这些企业必须不断创新以寻求生存和发展，因此它们更加倾向于积极主动地投入创新活动中，以求在市场竞争中取得优势地位。这种竞争压力也迫使它们不断寻求创新的突破，提高产品质量和服务水平，满足消费者不断增长的需求。传统金融行业的服务重点通常是那些财务状况和经营状况良好的大型企业，这些企业具有更高的信用评级和更稳定的现金流，因此更容易获得传统金融机构的融资支持。相比之下，处于长尾地带的中小微企业往往由于信用评级较低、资产规模较小、抵押品不足等原因而难以获得传统金融服务的支持。这种情况导致中小微企业在融资方面面临着较大的挑战。由于缺乏足够的信用保障和抵押品，传统金融机构对它们的融资需求持保留态度，往往要求更高的利率或提出更严格的条件，使得中小微企业难以获得实惠的融资支持。这种情况进一步加剧了中小微企业的融资困境，限制了它们的发展空间和创新活力。与此同时，传统金融机构在服务中小微企业方面也存在一些体制性和管理性障碍。传统金融机构的服务模式和风控体系往往较为保守和刻板，难以灵活应对中小微企业的多样化需求和风险特征。此外，由于中小微企业的规模较小、信息不对称问题较为突出，传统金融机构在评估中小微企业信用风险时往往面临更大的不确定性和挑战。因此，传统金融行业主要服务于大型企业的现状导致了中小微企业常常被排斥在传统金融体系之外，这成为制约中小微企业发展和创新的重要因素之一。为了解决这一问题，需要加强对中小微企业的金融支持，拓宽其融资渠道，提高融资的可获得性和便利性，促进中小微企业的发展壮大。中小型企业往往缺乏相应的财务数据，缺乏可抵押的资产，且所进行的创新活动具有高投入、高风险、长周期、不可逆性等特征。而金融系统对风险的厌恶程度更高，因而不愿意向高风险公司提供资本，导致其在没有担保的条件下，很难从金融系统中得到长期的贷款，从而导致创新型企业面临融资约束问题。另外，相对于大公司以及国企，中小微企业和民营企业不仅融资门槛比较高，获得便利的金融服务也比较困难，并且信息不对称现象更加严重，融资歧视导致的金融资源错配，增加了融资成本，进一步加重了融资约束。但要使创新得到有效的激励，需要充足的资本支持。在这个过程中，融资约束极大地制约了创新型企业的创新行为，这就造成了创新主体在经济运作中缺乏足够的动力，这对经济的高质量发展造成了极大的阻碍。

数字普惠金融是基于数字技术和平台的金融服务模式，它本身就是一种创新的产物，也是一种创新的驱动力，它的出现为创新创业提供了更加便捷和高效的融资渠道，为创新创业提供了更为广阔的发展平台。传统金融服务通常受限于烦琐的手续和审批流程，这给中小微企业的融资带来了较长的周期和低效率的问题。首先，传统金融机构通常要求中小微企业提供大量的资料和文件，进行详尽的审查和评估，这使得整个融资过程变得十分烦琐。企业需要提交大量的财务报表、资产证明、经营计划等文件，同时需要填写各种申请表格，这些都需要花费大量的时间和精力。而且，由于审批流程繁复，往往需要多个部门和多个层级的审核，导致融资周期的延长。其次，传统金融机构在风险评估上较为谨慎，对中小微企业的信用和财务状况提出更高的要求。这使得审批过程更加严格和复杂，需要经过更多的审核环节，从而导致融资的效率降低。有时候，即使中小微企业符合了所有的条件，也可能因为审批流程的拖延而错失了融资的机会。最后，传统金融机构在风险控制上更为保守，对于风险较高的中小微企业，往往采取更为谨慎的态度，甚至可能拒绝提供融资支持。这种保守的风险控制政策也会导致融资周期的延长和效率的降低。因此，传统金融服务的烦琐审批流程、谨慎的风险评估和保守的风险控制政策，都导致中小微企业融资周期较长、效率较低的问题。而数字普惠金融则依托于互联网和移动支付等技术手段，能够实现线上融资、快速审批，极大地提高了融资的效率和便利性。数字普惠金融采用了在线融资的方式，企业可以通过互联网平台进行融资申请和交易，无须到银行网点办理烦琐的手续。这种线上融资方式大大简化了融资流程，节省了中小微企业的时间和精力，提高了融资的效率。数字普惠金融采用了快速审批的方式，利用大数据和人工智能等技术手段，对企业的信用和财务状况进行快速评估和审核。相比传统金融机构的烦琐审批流程，数字普惠金融能够更加迅速地完成审批，缩短了融资周期，提高了融资的速度和便利性。此外，数字普惠金融还借助移动支付等技术手段，实现了资金的快速流转和结算，使得资金的使用更加灵活和便利。企业可以通过手机或电脑随时随地进行支付和结算，无须受到时间和地点的限制，提高了资金利用效率和灵活性。这种便捷的融资方式不仅为创新企业提供了更为及时的资金支持，也为其创新活动的快速实施提供了保障，进一步激发了其创新潜力。同时数字技术和平台不断地更新和优化，也为金融服务提供了更多的可能性和空间，促使金融服务不断地适应和改进，形成了一个良性的循环。

首先，数字普惠金融是以人民群众为中心的金融服务模式，它致力于满足不同客户的多样化需求，包括中小微企业主、农村地区的居民以及其他金融服务的边缘群体。通过提供更加灵活、便捷、定制化的金融产品和服务，数字普惠金融能够更好地满足不同客户的需求，激发他们的创新潜力，推动经济社会的发展。其次，数字普惠金融为中小微企业和农村地区的居民提供了更多的金融支持和便利。在传统金融体系中，这些群体往往由于信息不对称、风险高、成本大等因素而难以获得足够的金融服务。而数字普惠金融通过互联网和移动支付等技术手段，打破了时空和地域的限制，为其提供了与以往相比更高效、实惠的金融服务，促进了他们的经济独立和社会融入。最后，数字普惠金融是一种开放和包容的金融服务模式。它鼓励金融创新和多元化发展，为金融市场注入新的活力和动力。通过与其他金融机构和科技公司的合作，数字普惠金融能够培育新的金融产品和服务模式，增强金融服务的竞争力和创新性。同时，数字普惠金融也促进了金融服务的跨界和融合，实现了金融资源的共享和协同，进一步提升了金融服务的效率和效益。

3.1.1.2 数字普惠金融为企业创新活动提供融资支持

数字普惠金融通过为中小微企业和民营企业等创新型企业拓宽融资渠道，降低它们的融资成本，从而促进创新活动的开展，促进经济高质量发展。以前，我们一般都把注意力集中在"头部"，即那些有意义的人物和事件，而往往忽视曲线的"尾部"。这是因为人们通常将资源投入能够带来最高回报的地方，而忽略了其他部分的潜在价值。一些传统的金融机构，如银行，倾向于为高端客户和大型企业提供贷款，而对小型客户群体的金融服务却不够关注。这种做法源于传统金融机构认为20%的客户可以创造80%的财富的"二八法则"。然而，事实却是相反的，尽管这条曲线中的长尾部分单个份额不高，但它们的总量却比"头部"要大得多。数字化普惠金融和传统金融最大的区别是，它突破了"二八法则"，把"长尾巴"的顾客纳入金融服务的范畴。透过资讯科技、互联网等方式，数字普惠金融能够将碎片化的金融需求整合起来，为更广泛的客户群体提供服务。发展数字化普惠金融，这能给创新型企业带来新的融资方式，同时它还可以减少融资过程中的阻碍，大大提高了融资成功的概率，也为创新型企业的创新活动提供了资金支持，从而完善这些公司的创新创业环境，使得原本缺少资金支撑的科技创新项目得以更好地推动。数字普惠金融的发展不仅改变了金融服务的方式，还深刻影响了经济创新发展的格局和路径。数字普惠金融通过提高交易过程中的信息透明度，减少了信息不对称问题，为中小微企业和其他创新主体提供了更为公平和透明的融资环境。金融机构可以更准确地评估企业的财务状况和发展潜力，精准地为客户提供个性化的信用服务，减少信用服务的交易成本。同时，数字化普惠金融的发展为中小型企业提供了适合自己需求的个性化贷款服务，增强了金融服务的弹性与针对性。这不仅有利于中小微企业获得更加适合自身发展阶段和特点的融资支持，还促进了创新型企业和新兴产业的发展。此外，数字普惠金融为各类型服务业态的商业模式提供了创新型资金供给方式，促进了经济创新发展。通过数字平台，创新型企业可以更便捷地获得所需的资金支持，加速了新产品、新技术和新商业模式的孵化和推广，进而推动了整个经济的创新发展。最重要的是，数字普惠金融提高了创新融资的效率，降低了创新成本，激发了创新企业的创新活力。这种高效率的融资机制有助于创新型企业更加专注于技术研发和市场拓展，加速了创新成果的转化和应用，推动了企业内部的技术创新和管理创新，为实现经济的创新发展注入了强劲动力。

3.1.2　数字普惠金融对协调发展的影响

3.1.2.1　数字普惠金融促进产业协调发展

在过去经济发展历程中，长期存在着产业发展不协调、城乡二元结构等问题，因此，产业协调发展与城乡统筹发展是实现经济协调发展的关键，也是构建良性循环的必要前提。本书从理论和实证两方面对产业结构进行了分析。数字化普惠金融突破了传统金融服务的固有形式，提高了整个金融行业的运营效率，促进了金融资本与实体资本的有效匹配。以最优的资金分配方式，加速产业结构的转型与升级，推动产业协调发展。另外，推动产业结构转型升级的一个重要方向就是要大力发展高科技和新兴产业。

数字化金融对于提高资本使用效率，降低资本风险，控制资金流向具有重要意义。在数字化技术的帮助下，数字普惠金融机构通过提供金融服务，使金融服务的普惠性得到了极大的提高。它帮助地方政府进行了产业结构的调整，减轻了工业发展中的融资约束，改善了资金和人力资源的配置效率，让金融服务更加方便，可以满足行业发展所需要的资本，大幅提高了资金的配置效率，从而达到了工业品的最优供应和最优配置，从而促进了工业的转型和升级。同时，要不断创新科技与产品，丰富多样的金融产品，满足各类金融客群的需要，促进我国经济发展与消费水平的提升。随着居民消费水平的不断提升，产业结构也在不断优化。在这种情况下，为了适应市场的需求，企业必须进行持续的创新。许多高科技企业利用这一新型的数字化融资方式筹集资金，从而使资金得以投资于有前景的产业，用于技术研发和商业拓展。这对高科技和新兴行业的发展起到了很好的促进作用，还能让各行业之间协调发展，从而对地方产业结构升级产生积极影响。

通常情况下，在产业结构升级的初期阶段，资本和技术往往会主要集中在高收入地区，城市聚集效应十分显著。这一现象导致高收入地区的经济发展速度较快，而低收入地区则相对滞后。低收入区域的劳动力市场中富余劳动力严重不足，这意味着人力资源供给过剩或技能结构与产业结构之间存在不匹配，这会造成就业结构偏离，使城乡居民收入差距进一步扩大。然而，随着时间的推移，随着人力资源质量的提高和人力资本结构的优化，产业结构也将逐渐向服务业发展。这种转变将使得低收入地区的经济结构得到优化和升级，进而带动当地就业机会的增加，促进了城乡居民的收入水平逐渐趋于一致。特别是在低收入地区，由于相对较低的起点，产业结构的优化将更加迫切，居民收入差距的缩小也将更为明显。这种转变不仅有助于改善低收入地区居民的生活水平，还可以缩小城乡之间的收入差距，促进经济社会的均衡发展。因此，产业结构的优化和升级对于实现经济高质量发展和促进城乡区域协调发展具有重要意义。

数字普惠金融的兴起给各行业的创新和发展都带来了积极的影响。首先，对于传统行业而言，数字普惠金融提供了更为便捷和灵活的融资渠道，使得传统企业能够更好地应对市场变化和技术更新的挑战，推动其转型升级和创新发展。同时，数字普惠金融也为新兴产业和新型业态的发展提供了重要支持。这些创新型企业往往具有较高的成长性和创新性，但由于风险较高或资金需求较大，传统金融机构往往难以提供充分的支持。而数字普惠金融平台的出现填补了这一空缺，为创新企业提供了更为灵活和个性化的融资服务，促进了其持续发展和壮大。此外，数字普惠金融还提供了更多样化的金融产品和服务，能够满足不同类型创新项目的需求。通过数字化技术的运用，金融机构能够更好地理解和满足企业的融资需求，为其量身定制适合的金融方案，从而推动了各行业的全面发展。因此，数字普惠金融的发展不仅促进了传统行业的创新升级，也为新兴产业和新型业态的蓬勃发展提供了有力支持，进一步推动了经济的转型升级和全面发展。

3.1.2.2　数字普惠金融促进城乡协调发展

我国城乡发展水平存在巨大差异，其中既有资源禀赋和历史发展差异的影响，但也不能忽视金融服务本身的扭曲和效率低下，而普惠金融对于促进城乡居民收入的公平、合理分配具有非常重要的意义。由于资源相对匮乏、交通不便，许多低收入地区的农民只能依靠基本的粮食收入来维持日常的生计，基本上是自给自足。与之形成对比的是，由于城镇居民资源丰富，第二、三产业的快速发展，使得他们的收入也相对较高，这就造成了城乡之间的收入差距很大。正如俗话所说："要想富，先修路。"很明显，中国东部地区城市经济较发达、城镇化率较高、资源开发较充分，由于地理位置的不利，我国中西部地区的经济生态相对封闭。而数字金融以其独特的优点，以数字化为纽带，实现了地区内外的联系，促进了当地资源的合理开发，提高了农民的收入，从而调整了城乡居民的收入分布。

由于乡镇地理位置通常较为偏远，交通条件较差，并且许多群众很少了解与金融相关的知识，没有足够的金融素养和技能，不懂得如何使用金融产品和服务，缺乏对金融体系的了解和信任，同时出于自身和心理因素不愿意参与金融活动，有很多的顾虑，以至于他们缺乏足够的能力进入金融体系并且参与金融活动。这种缺乏金融知识与能力的问题使得他们无法充分利用现有金融市场中的各种投资和理财工具，无法获得更好的金融保障和增加个人财富的机会，这从根本上限制了他们的收入增长。这些限制条件使得银行等金融机构在这些地区开设网点的成本相对较高，为了降低成本并确保可持续经营，一些金融机构会关闭偏远地区的部分网点，从而导致当地居民无法方便地获得金融服务。由此造成的金融服务缺口不仅让偏远地区的贫困群众无法借贷或存储资金，也剥夺了他们投资、创业的机会，进一步拉大了收入差距。

激励农民自主创业也可以促进收入的合理分配，但是，低收入人群往往会受到原有财富的积累的制约。在边远地区，普惠金融面临着创业资金短缺、高抵押和房地产担保缺失、农村居民个人信用信息缺失等问题，导致其在边远地区所面临的服务成本与风险严重不符。一些小微信贷企业为了降低成本、提高收益，往往采取"使命漂移"的方式，不愿意向这一群体发放贷款，导致其获得金融服务的途径大大减少，同时也扼杀了不少低收入群体的创业意愿。而在经济发达国家，其拥有完备的金融基础，拥有大量的银行网点、较低的进入门槛和较容易的贷款。伴随着数字化普惠金融的出现，我国自主创业所面临的融资约束也在逐步缓解，为低收入地区的居民拓宽融资渠道，激发创业活力，帮助他们提高收入水平，推动收入的合理分配。

发展数字化普惠金融，对于缩小我国城乡之间的金融资源差异，促进城乡统筹发展具有重要意义。数字化普惠金融以其普惠性和包容性为特征，极大地扩大了金融服务的覆盖面，减少了偏远地区金融资源的流动限制，有效破解了传统金融所不能完成的"最后一公里"问题，减少金融排斥，把金融服务延伸至贫困地区的弱势群体与弱势产业，推动城乡统筹发展。同时，基于数字技术的新型数据处理手段，使信息采集规模持续增大，风险识别与防控能力进一步提升，数字普惠金融的安全保障能力日益增强。同时，金融在资源配置方面的功能也得到了很好的发挥，可以更好地为那些享受不到金融服务的农户提供适当的金融服务，从而达到与偏远地区的精准匹配。增加金融服务的可得性，还能让更多的资本通过储蓄转化为投资。与此同时，增加投资还能推动落后地区的经济发展，这样就能缩小城乡之间的经济发展差距，推动城乡统筹发展。

3.1.3 数字普惠金融对绿色发展的影响

3.1.3.1 数字普惠金融为绿色生产提供绿色信贷

在追求经济高质量发展的同时要兼顾人与自然的和谐共处，因此经济高质量发展离不开绿色发展这一重要环节。它强调在经济增长的同时保护环境、节约资源，实现可持续发展。在追求经济高质量发展的过程中，必须注重人与自然的和谐共处，这意味着不能以牺牲环境为代价来获取短期的经济增长。绿色发展强调通过创新技术、调整产业结构，实现经济增长与资源利用的有效匹配，减少环境污染和生态破坏。例如，推动清洁能源的发展、提倡循环经济模式、加强环境保护和治理等举措，都是绿色发展的重要内容。这些举措不仅有利于减少碳排放和减缓气候变化，也有助于改善人民的生活质量，保护生态环境，维护生态平衡。在实现绿色发展的过程中，政府、企业和社会各界都需要共同努力，加强合作，形成良好的发展格局。政府需要出台更加严格的环保政策和法规，引导企业加大环保投入，推动绿色技术的研发和应用。企业应该自觉履行社会责任，采取节能减排措施，提高资源利用效率，实现可持续发展。同时，社会各界也应当提升环保意识，积极参与到环境保护工作中。总之，绿色发展是推动经济高质量发展的必然选择，它不仅有利于促进经济增长，也有助于实现人与自然的和谐共处，为子孙后代留下一个美好的生态环境。

而我国目前面临着严峻的环境污染和能源短缺等环境挑战。随着经济快速增长和工业化进程加快，环境污染问题日益突出，生态系统受到破坏，资源消耗速度加快，这对经济可持续发展提出了严峻挑战。通常绿色环保行业的发展需要大量的资金投入，企业想要实现对生产方式的绿色改造，就需要投入资金用于研发和采购绿色环保技术和设备，如高效节能设备、清洁生产技术、污水处理设备等，以降低能源消耗和减少排放。还得建设和维护环境监测设施，确保生产过程中的环境污染物达标排放，以及对环境影响进行监测和评估。同时要投入资金进行员工培训，提高员工的环保意识和技能水平，确保员工能够正确操作和维护环保设备，并严格执行环保管理制度。

以上措施是转型升级的必要举措，但很多金融机构通常会对为这类企业提供信贷资金持保留态度。其原因主要有以下几点：绿色环保行业具有一定的技术和市场风险，特别是在新技术和新市场的开发过程中存在较大的不确定性，这会增加金融机构的信贷风险。其项目往往需要长期投资并且回报周期较长，这与金融机构通常追求的短期回报不太符合，使得他们对这类项目的投资意愿降低。绿色环保行业的评估标准和指标相对不够完善，导致金融机构难以准确评估这类项目的投资价值和风险水平。而且，绿色环保行业受到政府环保政策和法规的影响较大，政策调整可能会对企业的盈利能力和发展前景产生不利影响，这增加了金融机构的投资风险。尽管金融机构对绿色环保项目的信贷审查比较谨慎，但随着社会对环境保护意识的提高和政府对绿色产业支持政策的出台，越来越多的金融机构开始关注并积极参与绿色金融领域，推动了绿色环保项目的融资进程。同时，一些政府机构和国际组织也在促进绿色金融发展方面发挥着重要作用，通过提供贷款担保、补贴或优惠政策等方式，鼓励金融机构增加对绿色环保项目的信贷支持。数字普惠金融的出现，不仅有助于破解绿色发展中的资金瓶颈，还可以为环境保护和资源节约型企业提供更多的绿色金融资源，为国家经济的绿色可持续发展奠定坚实的基础。数字普惠金融能够通过大数据实时地获得环保企业的环境过程、环境设备等信息，而金融机构在获得这些信息之后，可以极大地减少企业在进行信用服务时所面临的财务风险，使其更乐于将资金投入企业中。绿色贷款的扶持，能较好地解决环保企业在融资方面遇到的问题，有助于企业将绿色发展的思想贯穿企业的全过程，促进经济的绿色发展。

3.1.3.2 数字普惠金融助力绿色低碳

通过向企业提供绿色贷款，数字普惠金融可以对企业的绿色生产行为进行实时监控，对环境状况较好、治理措施合规的公司，在利率上给予一定的优惠。在这种激励机制下，绿色信贷能够更好地推动绿色发展，更好地支撑绿色经济的发展。此外，数字普惠融资也可以将相关企业的相关数据通过数字化技术提供给环保当局，形成一个绿色金融的闭环，从而推动人类不断地优化生产与生活方式，最终实现绿色发展。因此，数字普惠金融不仅能够实现对金融资源的高效分配，能够对环境保护等方面起到积极的推动作用，而且能够将金融资本引导到绿色的、低碳的、可持续的领域。随着环境保护、节能减排、污染防治和生态环境建设的不断深入，绿色企业将逐渐成为主流，从而促进产业结构和能源结构的转型，达到绿色、低碳的目标。数字化普惠金融能让偏远地区的居民获得与之匹配的金融服务，从而激发了当地的创新创业积极性，同时，闲置资金也有了存款和投资渠道，这就大大增加了农户的收入。收入的提高还会带动消费水平的提高。当人们对环境保护的认识越来越深，以及对环境的重视程度越来越高时，人们就会将更多的精力放在绿色的商品和服务上，因此，在需求层面上，通过对绿色企业的激励，推动绿色消费平台的形成，从而推动绿色消费的产生，进而促进我国经济的绿色发展。此外，数字普惠金融还具备绿色发展的特征，例如支付宝旗下的"蚂蚁森林"等绿色工程，将绿色交易、低碳生活、节能减排融入人们的日常生活中，通过提供金融服务，向消费者传达绿色低碳的生活理念，从而实现节约资源、改善环境、减缓气候变化等目标，推动绿色发展。

3.1.4　数字普惠金融对开放发展的影响

一国的经济发展质量在一定程度上受对外贸易结构的影响，因此开放发展也是经济高质量发展的重要组成部分。它不仅有助于资源优化配置，通过进口先进技术和设备提高生产效率，还推动了技术创新和产业升级。同时，开放发展拓展了市场空间，增加了就业机会，促进了国际合作与交流。因此，积极推进开放发展，加强与其他国家的合作与交流，是实现经济高质量发展的重要途径之一。数字普惠金融的发展不仅为国内企业提供了更多样化的融资渠道和个性化的金融服务，同时也吸引了外资和境内资本对外投资。由于数字普惠金融平台的便捷性和高效性，外资和境内资本可以更容易地获取信息、进行交易，从而增加对外投资的灵活性和便利性。这种投资方式不仅能够为企业提供更多的资金支持，还能够促进国际的资本流动和经济合作，推动全球经济的共同发展。数字普惠金融的发展通过降低融资门槛和信贷成本，将便捷的金融服务提供给中小微企业。这种便捷性不仅吸引了国内企业的关注和利用，同时也推动了以出口为主的中小型外贸企业的发展。数字化普惠融资为以出口为导向的企业提供了更大范围、更低成本的融资，使它们有更多的资本用于科技研究和开发，提高它们的生产力，提高其要素禀赋，随着这些企业在国际市场上的活跃参与，它们不仅能够更灵活地应对市场需求和变化，还能够获得更多的国际合作机会和资源支持，从而更好地融入外部市场，力争在全球产业价值链中占据中高端位置，促进对外贸易中比较优势的形成。这进一步促进了开放发展，加强了我国与世界各国的经济联系和合作，推动了全球经济的共同繁荣。数字普惠金融是促进世界数字化贸易发展的重要措施，对促进我国对外贸易结构的优化具有重要意义。数字普惠金融作为一种基于数字技术的移动支付模式，为企业在外贸业务中的支付结算带来了极大的便利。网络交易平台的出现能够让整个流程从贸易洽谈到订单的付款与结算更加便利。这极大地减少了交易的门槛与费用，便利了跨国资金的快速流动，极大地提高了交易的规模与效率，也使其安全性与可靠性得到了极大的提高。由此可以看出,数字化普惠金融已成为我国对外开放和发展的重要支持力量。

数字化普惠金融作为反映人类命运共同体的金融思想的一种重要途径,它反映了世界各国对发展的共同期望。在全球化的今天,各国经济联系日益紧密,经济发展的不平衡和不充分已经成为制约全球经济稳定和可持续发展的主要因素之一。数字普惠金融作为一种新型金融模式,致力于消除贫困、减少社会不公,为全球经济的均衡发展提供了新的路径和思路。通过数字普惠金融,可以让更多的人群获得金融服务,提高他们的经济状况和生活水平,从而促进全球经济的发展,构建人类命运共同体的美好未来。它在促进全球均衡发展的同时,为发展中国家和落后地区带来了宝贵的发展机遇,其意义重大,是实现经济发展和社会进步的关键之一。发展中国家和落后地区面临着巨大的经济发展压力和社会发展挑战,其中金融服务不足是制约其发展的重要因素之一。传统金融服务往往无法覆盖到这些地区的大多数人群,使得他们无法获得贷款、储蓄、支付等基本金融服务,这不仅阻碍了他们的经济发展,也加剧了社会的不平等现象。数字普惠金融的出现,为这些地区带来了新的希望和机遇。通过数字普惠金融,可以利用现代科技手段,降低金融服务的成本和门槛,使得更多的人群能够享受到金融服务,从而激发他们的创业潜能,推动经济的发展,改善人民的生活水平。这种金融模式推动着国际金融体系的变革,使各国各阶层都能分享数字金融所带来的成果。当前,国际金融体系面临着诸多挑战和困境,包括金融服务不平等、金融监管不完善、金融风险不断增加等。传统金融体系往往倾向于服务富裕阶层和发达国家,而忽视了发展中国家和落后地区的需求。这导致全球金融服务的不均衡和不充分,加剧了贫富差距和地区发展的不平衡现象。数字普惠金融的出现,为国际金融体系的变革提供了新的契机。通过数字普惠金融,可以实现金融服务的普惠化和平等化,推动国际金融体系向更加开放、包容、公正的方向发展,从而促进全球经济的稳定和可持续发展。目前,世界范围内普遍存在着贫穷问题,有些人很难得到有效的金融服务,从而造成了富人和穷人之间的差距拉大。随着各国政府与公民的共同努力,数字普惠金融必将在全球范围内扮演越来越重要的角色,为全球经济发展作出更大的贡献。在金融需求逐渐增加、金融技术突飞猛进的环境下,数字化普惠金融将成为一种主流趋势席卷全球。由此可见,数字普惠金融的发展为全球经济的开放和发展注入了新的活力和动力,为构建开放型世界经济提供了新的机遇和挑战。

3.1.5 数字普惠金融对共享发展的影响

3.1.5.1 数字普惠金融助力精准扶贫

目前，我国已经实现了全面小康，这一成果得益于国家精准实施的脱贫攻坚政策和措施。脱贫攻坚与乡村振兴是国家推动经济共享发展的有效路径，而金融在这两个领域中也发挥着至关重要的作用。数字普惠金融通过精准定位和精准服务，实现了对贫困地区的有效帮扶。传统金融服务在覆盖农村等偏远地区时存在着诸多困难，而数字普惠金融通过互联网和移动支付等技术手段，突破了地域限制，为贫困地区提供了更为便捷、高效的金融服务。这一精准的金融扶贫模式，将金融的精准扶贫效果发挥到极致，为脱贫攻坚和乡村振兴战略的成功实施提供了资金保证，对传统金融服务于贫困地区的能力进行了有效的补充，为脱贫攻坚提供了有力的支持。金融援助既能促进农村尤其是欠发达地区的发展，又能为国家经济共享发展提供新的契机。数字化普惠金融可以有效地填补和缓解农村等偏远地区传统金融的短板和困境，打破了过去普惠金融服务供给不足、成本收益失衡的弊端。它对传统的金融服务方式进行了变革，实现了成本效益的最大化。传统金融服务往往面临着成本高昂、服务范围有限等问题，难以为贫困地区提供足够的金融支持。而数字普惠金融利用现代科技手段，大幅降低了金融服务的成本，提高了服务效率，使得金融服务能够覆盖更广泛的地区和人群。这种成本效益的提升，使得金融资源得以更加有效地配置，为精准扶贫工作提供了更为可持续的支持，改变了传统金融扶贫的"边际递减效应"，实现了便捷、高效、公平和共享的金融服务。数字普惠金融为"三农"发展提供多样化的金融服务，针对不同地区和不同群体的需求，数字普惠金融推出了多种形式的金融产品和服务，满足了贫困地区居民的多样化金融需求。例如，针对农村地区的小额信贷、农业保险、移动支付等服务，为贫困地区居民提供了全方位的金融支持，为实现精准扶贫目标提供了有力的保障，通过对农业现代化的深入推进，为乡村经济的蓬勃发展带来了新的生机与动能，让共享发展成为可能。

3.1.5.2 数字普惠金融提升家庭收入

数字普惠金融的发展不仅有助于金融服务的普及和改善，而且在实现包容性增长方面发挥了重要作用。特别是在提升农村居民家庭收入方面，数字普惠金融的作用相当突出。传统金融服务往往无法覆盖到农村地区，导致农村居民面临着融资难题，制约了他们的创业和发展。然而，数字普惠金融通过创新的金融产品和服务模式，为农村居民提供了更广泛、更便捷的金融服务。

近些年来，"地摊经济"在中国等许多地区逐渐兴起，成为促进就业和增加收入的重要途径。随着"地摊经济"的兴起，越来越多的农户、小企业主想要增收，却因缺少足够的创业经费而难以实现。这一空白通过数字普惠金融进行了填补，通过为农村创业者提供小额贷款、移动支付等金融服务，帮助他们快速启动和发展自己的"地摊经济"项目。同时，也使农民等低收入人群的收入得到了进一步提高，从而使我国的收入分配格局得到了有效的改善。企业家精神的增强，既可以提高农户本身的收入，又可以为乡村提供一些就业机会，激发乡村地区的企业家精神，对乡村经济的发展起到积极的作用。数字化普惠金融的发展提升了边远地区的金融服务水准与服务效能，而网络与手机支付的推广更是大大节省了服务时间，降低了服务费用。这不仅能推动农村企业的发展，也能增加农民的收入，同时能为人民的衣食住行提供便利，从而推动经济共享。与传统的金融服务相比，数字化普惠金融产品和服务的效率更高、更方便、更安全，这就要求提供更多优质的投资理财产品和服务，为居民的闲置资金提供了一个可投资的渠道。这将大大减少居民家庭的现金存准率，提高其平均资产回报率，有助于其财富的积累，增加其收入，实现发展成果的共享。

基于对以上影响路径的分析，本书提出以下假设：

H1：数字普惠金融可以直接促进经济高质量发展。

3.2 数字普惠金融对经济高质量发展影响的区域异质性

我国东中西三大地域，因其原始的地理环境，在自然资源方面有着显著的差异，加之依托于这种自然条件而形成的技术优势，使得我国的经济发展出现了地域不平衡。东部地区先天的区位条件，使得这里的自然资源十分丰富，同时拥有较好的水资源和气候条件。由于自然条件的优势，在科技和工业化进程中较早受益，拥有较完善的基础设施、交通网络和制造业集群，工业技术优势显著，贸易交流频繁，经济密集程度高，城镇化程度高，在国家建设中处于领先地位，也是我国经济增长的重要引擎。中部地区虽然在地理位置和自然条件等方面不及东部地区，但其拥有大规模的耕地、丰富的水资源和丰富的农产品资源等优势。近些年来，在国家政策的引导下，中部地区开始转变经济发展方式，加入了现代化经济体系建设的行列，并逐渐展现出发展的趋势。通过加大对中部地区的政策支持和投资引导，中部地区的产业结构正在得到优化和升级，新兴产业和现代服务业也在逐步壮大。同时，中部地区的城市化进程也在加速推进，吸引了更多的人口和资金流入。这些积极的变化表明，中部地区在经济发展中正逐渐发挥着更加重要的作用，为全国经济的均衡发展和高质量发展作出了积极的贡献。相对而言，西部地区被山脉和沙漠所占据，地形复杂，自然资源相对较少，同时面临着高新技术人才流失严重的问题，技术发展相对较为薄弱，地理条件的限制使得该地区较少受到投资和技术引进的关注。在经济发展的各方面都有所欠缺，不仅缺乏科技创新活动，而且对自然资源的浪费也较为严重。虽然国家政策鼓励开发，但由于资源和技术条件限制，经济发展进展较慢，发展水平相对较低。同时，我国东部地区市场化程度较高，而中西部地区市场化程度较低，导致金融资源无法有效配置，成为制约区域经济发展的瓶颈。以上原因，在一定程度上削弱了中国数字普惠金融对经济高质量发展的促进作用。

基于对以上对地区差异性影响的分析，本书提出以下假设：

H2：数字普惠金融对经济高质量发展的影响存在区域异质性。

3.3 数字普惠金融对经济高质量发展影响的中介效应

科技创新和提升消费水平是提升经济高质量发展的两个重要途径，本书通过分析数字普惠金融对科技创新和消费水平的影响，建立数字普惠金融间接促进经济高质量发展的作用机制。具体分析如下：

科技创新的间接传导机制。随着时间的推移，人类不断面对各种挑战和需求，科技创新成果不断涌现，不断改变着人们的生活方式、生产方式和社会结构。在经济社会持续向前发展的过程中，科技创新始终发挥着核心作用。首先，科技创新推动了生产力的提高和经济结构的优化。新技术的引入和应用使得生产过程更加高效、智能化，提高了生产效率和产品质量，推动了产业的升级和转型。其次，科技创新带来了新的经济增长点和产业发展方向。通过不断地研发和应用新技术，创新型产业和新兴产业不断涌现，成为经济增长的新动力源。这些新兴产业往往具有较高的附加值和创造性，为经济的可持续发展提供了新的动力和方向。此外，科技创新也推动了社会结构和生活方式的变革。新技术的应用改变了人们的生活方式，促进了信息传播和文化交流，推动了社会的信息化和智能化发展。同时，科技创新也为解决社会问题提供了新的思路和方法，促进了社会的进步和发展。综上所述，科技创新的间接传导机制通过不断地推动生产力的提高、产业结构的优化和社会结构的变革，推动了经济社会的持续发展和进步。在经济高质量发展的过程中，科技创新将继续发挥着重要作用，成为推动经济增长、促进产业升级和改善人民生活的关键力量。

特别是在今天这个时代，一个高质量的经济发展，必须要有一个新的动力，这就要求我们的文化、制度、科技发展不断创新，只有不断地创新才能适应时代的变化和满足人民的需求。首先，经济发展需要创新。在全球化和信息化的背景下，传统的经济模式和产业结构正在面临挑战，需要不断地创新以适应新的市场需求和竞争环境。创新可以带来新的技术、新的产品和新的商业模式，推动经济增长和产业升级。其次，文化也需要创新。文化创新不仅可以丰富人们的精神生活，还可以促进文化产业的发展和文化软实力的提升。在文化交流和融合的时代，创新是推动文化发展的重要动力，可以带来新的艺术形式、新的文化产品和新的文化理念。再次，制度更需要创新。随着社会的发展和进步，传统的制度可能已经不适应新的社会需求和发展要求，需要不断地进行改革和创新。创新制度可以提高政府的治理能力和效率，推动社会的公平正义和长期稳定。最后，科技发展更需要创新来推动。科技创新是现代社会发展的重要动力，可以改变人们的生活方式、提高生产效率和推动社会进步。在全球科技竞争日益激烈的背景下，创新是保持国家竞争力和实现经济可持续发展的关键。所以说，创新是推动经济发展、文化繁荣、制度健康和科技进步的根本动力，尤其是在当今社会，高质量的经济发展更需要不断地创新来适应变化的环境和满足人民的需求。只有不断地创新，才能不断地走在时代的前沿，实现经济社会的可持续发展。

要推动科技创新，必须有雄厚的财力支撑。高技术企业必须有充足的资本作为支撑，才能高效地进行创造性的研究与开发，使其科学研究成果能够合理地转换为现实的财富。但是，由于研究开发周期长、风险大，在筹资过程中往往会遇到融资困难。传统金融机构对高风险的创新型企业往往持谨慎态度，使得这些企业在融资过程中遇到诸多障碍。数字化普惠金融的兴起为我国科技创新企业提供了一种新的融资方式，为其提供了一种新的融资方式。首先，网络时代，移动支付已经极大地改变了我们的生产、生活方式。移动支付技术的普及，对传统商务模式进行了重新构建，为中小企业提供了新的发展机会。通过移动支付，中小企业能够更便捷地进行资金交易，提高了资金流转效率，促进了企业的快速发展。其次，数字金融既能改善企业的财务状况，又能拓宽融资渠道，实现资金的合理流动与分配。数字金融平台利用科学技术，把分散的资本需要和供应方联系在一起，从而有效地分配资本。科技创新企业可以通过这些平台，更容易获得所需的资金支持，不再受制于传统金融机构的严格审查和高门槛。最后，利用数字网络，使资金提供者能够高效、准确地找到需要资金的人。数字普惠金融平台通过大数据分析和人工智能技术，能够快速评估企业的信用状况和融资需求，从而实现精准的资金匹配。这种高效的匹配机制，不仅降低了融资成本，还减少了融资时间，提高了资金使用效率。因此，利用数字普惠金融来吸引资本，高科技企业既可以提升创新成果的产量，又可以推动经济结构的优化与转变。资金的有效流动和合理配置，使得更多的创新成果能够转化为实际生产力，推动经济向更加高效、智能和可持续的方向发展。在这一过程中，数字普惠金融发挥了重要的间接传导作用。通过为科技创新企业提供资金支持，数字普惠金融推动了技术创新和产业升级，促进了经济的高质量发展。数字普惠金融的普及，使得金融服务更加便捷、高效，覆盖面更广，有效弥补了传统金融市场的不足。科技创新企业在获得充足资金支持的同时，也带动了相关产业的发展，形成了良性循环，最终实现经济的全面进步和社会的共同繁荣。所以，数字普惠金融不仅缓解了科技创新企业的融资困境，还通过高效的资金配置和流转，促进了经济结构优化和转型，推动经济向高质量发展。这种金融创新模式，为未来经济发展提供了新的思路和方向。

数字普惠金融是一种通过数字化技术对居民的消费资料进行采集，并根据他们的消费需要进行分析，为他们提供多样化的金融产品和服务的形式。这种形式的金融服务有助于刺激居民的消费需求，优化消费结构，从而为中国经济的高质量发展注入新动能。数字普惠金融对经济的影响是多方面的，既有利于拓展金融服务的覆盖面，也能够帮助金融弱势群体获得更多的金融支持，缓解居民的流动性约束，促进消费的增长与结构的升级。首先，数字普惠金融利用数字技术收集居民的消费数据，这种数据的积累和分析有助于深入了解居民的消费行为和消费偏好。通过对这些数据的分析，金融机构能够更好地把握消费者的需求，精准地设计和推出符合市场需求的金融产品和服务。这种个性化定制的金融产品不仅能够满足消费者的个性化需求，还能够提高金融服务的满意度和黏性，促进消费的增长。其次，数字普惠金融为金融弱势群体提供了更为便捷和灵活的金融服务。传统金融服务往往需要较高的门槛和成本，对于一些金融弱势群体来说，很难享受到这些服务带来的便利。而数字普惠金融利用数字技术和互联网平台，降低了金融服务的门槛和成本，使更多的金融弱势群体能够享受到金融服务的便利。这些金融服务不仅能够缓解金融弱势群体的流动性约束，还能够帮助他们更好地管理和运用自己的财务资产，提高生活品质。最后，数字普惠金融的发展有助于拓展金融服务的覆盖面，推动金融业的转型升级。随着数字技术的不断发展和普及，传统金融服务模式已经无法满足人们日益增长的金融需求。数字普惠金融作为一种新型金融服务模式，利用数字技术和互联网平台，可以实现金融服务的全面覆盖，为更多的消费者提供便捷、高效、安全的金融服务。这不仅有利于提升金融服务的普惠性和包容性，还能够推动金融业的转型升级，提高金融服务的质量和效率，促进金融业的健康发展。数字普惠金融的发展也有助于优化消费结构，促进消费的升级。数字普惠金融利用数字技术和大数据分析，可以更好地把握消费者的消费行为和消费偏好，精准地识别和满足消费者的个性化需求。通过为消费者提供多样化的金融产品和服务，数字普惠金融能够促进消费的升级和结构的优化，推动消费的升级，为中国经济的高质量发展注入新的动能。

传统的间接传导机制。传统金融是指以银行、证券、保险等机构为主体，以货币、债券、股票等金融工具为载体，以信用、利率、汇率等价格为调节手段，为实体经济提供金融服务的体系。传统金融在数字普惠金融影响经济高质量发展中的中介效应，主要表现在以下几个方面：第一，资金支持。传统金融通过向数字普惠金融提供资金支持，为其发展提供了基础条件。例如，银行可以为数字普惠金融平台提供贷款、担保、托管等服务，证券可以为数字普惠金融平台提供股权、债券、基金等融资渠道，保险可以为数字普惠金融平台提供保障、理赔、再保险等保障措施。第二，风险管理。传统金融通过向数字普惠金融提供风险管理，为其发展提供了安全保障。例如，银行可以为数字普惠金融平台提供风险评估、监测、控制等服务，证券可以为数字普惠金融平台提供风险转移、对冲、分散等工具，保险可以为数字普惠金融平台提供风险分担、补偿、预防等机制。第三，信用建设。传统金融通过向数字普惠金融提供信用建设，为其发展提供了信任基础。例如，银行可以为数字普惠金融平台提供信用评级、认证、披露等服务，证券可以为数字普惠金融平台提供信用增强、监管、透明等措施，保险可以为数字普惠金融平台提供信用保证、监督、惩罚等手段。传统金融在数字普惠金融影响经济高质量发展中的中介效应，是通过提供资金支持、风险管理、信用建设等功能，为数字普惠金融的发展创造了有利条件，同时也受到数字普惠金融的反馈和促进，从而实现了与数字普惠金融的协同效应，共同推动了经济高质量发展。

基于以上数字普惠金融对经济高质量发展的中介效应，并据此提出以下假设：

H3：科技创新和消费水平在数字普惠金融影响经济高质量发展的过程中具有中介效应。

3.4 数字普惠金融对经济高质量发展影响的门槛效应

首先，数字普惠金融通过利用数字技术，解决了农村金融的信息不对称、成本高昂、风险较大等问题，为农村居民和农业经营者提供了更多、更好、更便捷的金融服务，如贷款、储蓄、支付、保险、投资等，从而增加了农村金融的供给，满足了农村金融的需求，促进了农村金融的发展。农村金融的发展，有利于提高农民收入，增加农村储蓄，扩大农村消费，支持农业生产，推动农业转型，促进农村经济的发展，从而为城镇化提供了人口、资金、商品等要素的流动，降低了城镇化的门槛。数字普惠金融通过利用数字技术，创造了更多、更新、更灵活的金融产品和服务，如众筹、网贷、第三方支付、数字货币、区块链等，为城市居民和企业提供了更多、更好、更便捷的金融服务，如融资、投资、支付、理财、保障等，从而增加了城市金融的供给，满足了城市金融的需求，促进了城市金融的创新。城市金融的创新，有利于提高城市居民的福利，增加城市投资，扩大城市消费，支持城市产业，推动城市转型，促进城市经济的发展，从而为城镇化提供了就业、收入、税收等要素的增长，提高了城镇化的效率。数字普惠金融通过利用数字技术，实现了金融服务的跨区域、跨界别、跨机构的互联互通，为不同地区、不同行业、不同主体提供了更多、更好、更便捷的金融服务，如转账、结算、融通、对接等，从而增加了区域金融的供给，满足了区域金融的需求，促进了区域金融的协调。区域金融的协调，有利于提高区域间的资金流动，增加区域间的经济联系，扩大区域间的市场规模，支持区域间的产业合作，推动区域间的发展战略，促进区域间的经济一体化，从而为城镇化提供了区域协同、区域平衡、区域发展等要素的优化，提高了城镇化的质量。所以城镇化的不断发展促进了农村金融发展、城市金融创新和区域金融协调，从而降低数字普惠金融的门槛，提高数字普惠金融发展的效率和质量，推动经济高质量发展。

其次，近年来，普惠金融发展取得显著成效，尤其是在互联网快速发展的推动下，支付、融资、理财、保险等金融业务变得更加便捷高效。数字普惠金融作为一种依托数字技术发展的新型金融模式，在推动创新创业和产品升级中发挥了重要作用。尽管数字技术在生活中已广泛普及，但全国范围内的互联网覆盖率仍不平衡。在经济较发达的城市，因特网已基本普及，但在一些经济较差的边远地区，还没有完全上网。数字化普惠金融是以互联网为基础的，其渗透率已成为制约其高质量发展的一个关键因素。由此，区域之间的互联网发展程度的不同，将会影响到数字普惠金融在高质量发展中的作用。在网络覆盖率不高的区域，由于基础设施不健全、信息安全监管不力等原因，数字普惠金融对经济发展的推动作用会逐渐弱化；而且，随着互联网的发展，普惠金融在高质量发展中所起到的推动作用也会越来越大。

最后，产业结构升级是指产业结构由低附加值、低技术含量、低效率的传统产业向高附加值、高技术含量、高效率的现代产业的转变，是衡量一个国家或地区产业发展水平的重要指标，也是反映经济社会发展质量的重要因素。产业结构升级意味着更多的中小微企业和创新型企业的涌现，这些企业往往面临着融资难、融资贵、融资慢等问题，而数字普惠金融可以通过利用数字技术，为这些企业提供更多、更好、更便捷的金融服务，从而增加了数字普惠金融的需求，推动了数字普惠金融的发展。产业结构升级意味着更多的新兴产业和新型业态的出现，这些产业和业态往往具有高度的不确定性、复杂性和多样性，而数字普惠金融可以通过利用数字技术，创造更多、更新、更灵活的金融产品和服务，如众筹、网贷、第三方支付、数字货币、区块链等，从而增加了数字普惠金融的供给，促进了数字普惠金融的创新。产业结构升级意味着更高的生产效率和市场竞争力，这些要求数字普惠金融能够更好地适应市场变化，提高金融服务的速度和质量，降低金融服务的成本和风险，而数字普惠金融可以通过利用数字技术，实现金融服务的跨区域、跨界别、跨机构的互联互通，提高金融服务的覆盖率和效率，从而提升了数字普惠金融的效率。产业结构升级能促进数字普惠金融的需求扩大、供给创新、效率提升，从而推动数字普惠金融的发展，促进经济高质量发展。

考虑到城镇化率、互联网普及率和产业结构升级对数字普惠金融实施效果的影响，本书提出以下假设：

H4：以城镇化率、互联网普及率和产业结构升级为门槛变量，数字普惠金融对经济高质量发展的影响存在门槛效应。

4　数字普惠金融发展概况与经济高质量发展现状分析

4.1 数字普惠金融发展概况

数字普惠金融是普惠金融和互联网融合的结果，因此，在普惠金融指数的设计中，我们可以借鉴学术界的研究成果，并将创新的数字金融的动态性、信用化等指标纳入其中，从而为普惠金融的发展提供理论依据。普惠金融的包容特性决定了它是一种多维度的概念，要想对数字化普惠金融的发展水平进行综合分析，必须把与其相关的各项指标纳入同一系统中。本书以北京大学数字普惠金融指数为基础，该指数由北京大学数字财务研究中心和蚂蚁金服研究院联合发布。在此基础上，建立了普惠数字化金融的评估系统，并对所选择的有关指标进行一系列计算，从而得出了一个较为合理的评估指标。这个评价系统包括了三个一级维度下的33个指标，其中，覆盖广度是指金融服务的覆盖面积，使用深度是指可以得到的金融服务的多样化，而数字化的程度则是指是否能够通过诸如互联网这样的数字技术来提升用户获取金融服务的方便程度。

在全国范围内，数字普惠金融不断发展壮大。图4-1显示了从2012年到2021年中国各省级行政区的普惠财政数据。如图表所示，2012—2021年间，中国数字普惠金融的发展相对平稳，且与早期相比，其数字化普惠金融的发展仍有较大的空间。与此同时，在数量上，中国的普惠金融指数在2021年已经上升到2012年的3.74倍，年均增长率为15.78%。由此可以看出，中国数字普惠金融正处于高速发展阶段。在这一时期，由于信息技术的突破性发展，普惠金融的发展也取得了巨大的飞跃，这一时期的发展主要体现在：第一个四年是一个积累期。在经历了这个阶段之后，发展速度有所减缓，数字化普惠金融也遭遇到发展的瓶颈。在此期间，大部分省级行政区的增幅都很小。2017年至2021年为中国发展平稳期，伴随着《关于普惠金融发展的规范性文件》的颁布，中国的数字化普惠金融监管制度不断健全，与之相对应地，数字化普惠金融的发展也步入了持续、平稳的发展时期。从图4-1中可以看出，2013年的增长速度远超其他年份，通过文献参考研究（黄益平、黄卓，2018），无论是从学术理论知识角度，还是产业发展角度来看，2013年被普遍认为是我国互联网金融爆发的元年，因此数字普惠金融发展在2013年的增长速度明显提高。

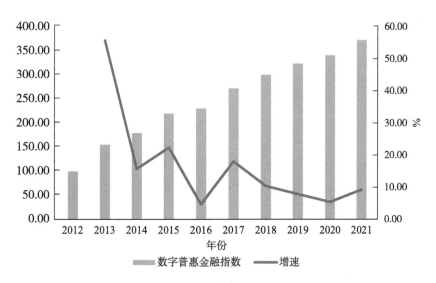

图 4-1　2012—2021 年省级数字普惠金融指数的均值和增速

　　分省级行政区来看，如图 4-2 表示的是 2012—2021 年 31 个省级行政区数字普惠金融发展平均指数的对比，从图中可以看出，上海市在此期间的数字普惠金融平均指数得分最高，是得分最低的青海省的 1.49 倍。而且还可以看出，数字普惠金融平均指数得分居于前列的都是东部沿海经济发达地区，得分居于底部的是中国西部经济不发达地区。由此看来，相较于传统的普惠金融，数字普惠金融的空间位置相关性更显著。传统普惠金融主要依赖于银行网点和实体营业网点，其覆盖范围受到地理位置的限制，尤其是在偏远地区和农村地区，金融服务的覆盖面较窄。而数字普惠金融通过互联网和移动通信技术，可以实现无缝连接，使得金融服务不再受制于地理位置，任何有网络覆盖的地方都可以享受到数字普惠金融服务，因此其空间位置相关性更为显著。此外，相较于传统的普惠金融，数字普惠金融有着更好的地理穿透性质。传统普惠金融在服务覆盖上存在一定的局限性，特别是对于一些人口稀少或经济落后地区的覆盖较为困难。而数字普惠金融通过技术手段，可以实现对这些地区的快速覆盖，提供全方位的金融服务。例如，通过移动支付、数字化账户等方式，可以使得即使是在偏远山区或农村地带，居民也能够方便地进行金融交易和支付，从而实现了更好的地理穿透性。数字普惠金融相较于传统普惠金融具有更显著的空间位置相关性和更好的地理穿透性质，从而形成了更为广泛普遍的普惠金融覆盖。

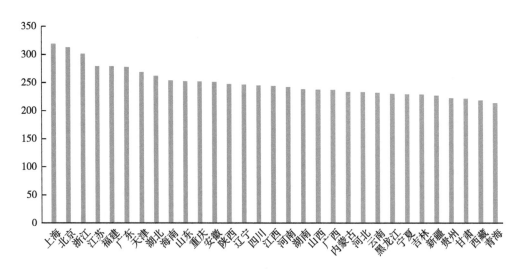

图 4-2　2012—2021 年 31 个省级行政区数字普惠金融发展平均指数

为了进一步分析中国数字普惠金融水平的空间差异，依据中国的经济区域划分，将 31 个省级行政区划分为东部、中部、西部和东北四大经济区域，从而有助于区域间的比较。具体的划分情况见表 4-1。

表 4-1　四大经济区域划分

区域	省级行政区
东部	北京、天津、河北、上海、江苏、浙江、福建、山东、广东、海南
中部	山西、安徽、江西、河南、湖北、湖南
西部	内蒙古、广西、重庆、四川、贵州、云南、西藏、陕西、甘肃、青海、宁夏、新疆
东北	辽宁、吉林、黑龙江

分区域来看，从图 4-3 可以看出，我国的数字普惠金融呈现"东部高，中部平，西部低"的空间发展格局。东部地区的数字普惠金融指数一直领先于其他地区，且有着不小的领先优势；中部地区的数字普惠金融指数接则近于全国的平均水平；而西部和东北地区的数字普惠金融指数则相对滞后，随着时间的推移，仍未能迎头赶上全国平均水平和其他地区的发展水平，这一问题仍然十分突出。

进一步观察发现，从发展速度视角来看，2012—2021 年，四大经济区域数字普惠金融指数的平均发展速度呈现出一定的差异性。其中，西部地区的数字普惠金融指数平均发展速度最高，为 17.08%，显示出了西部地区数字普惠金融发展的迅猛势头和巨大发展潜力。中部地区紧随其后，平均发展速度为 16.67%，同样表现出了强劲的数字普惠金融发展态势。而全国平均发展速度为 15.78%，略低于西部和中部地区，但仍然保持着良好的发展势头。相比之下，东北地区和东部地区的数字普惠金融发展速度相对较慢，分别为15.73%和14.17%。

从图4-3中可以看出，西部和中部地区的数字普惠金融发展势头迅猛，显示出了巨大的发展潜力和活力。政府和相关部门应该加大对这些地区的支持力度，此外，政府和相关部门还应该注重提升人才培养和技术创新水平，以推动数字普惠金融在西部和中部地区的深度发展。首先，应该加强对当地人才的培训和引进，培养更多具备金融科技和数字经济领域专业知识的人才，为数字普惠金融的发展提供坚实的人才保障。其次，政府可以设立科技创新基地和金融科技研究院等机构，推动数字普惠金融技术的创新和应用，提升服务水平和竞争力。此外，政府还可以鼓励金融机构与当地企业和科研院所开展合作，共同研发适合当地特色和需求的数字普惠金融产品和服务，进一步满足地方经济发展的需求。通过加强人才培养和技术创新，可以进一步推动西部和中部地区数字普惠金融的发展，加快实现数字经济的全面发展和全民普惠的目标。

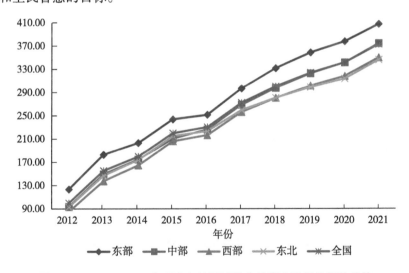

图4-3　2012—2021年四大经济区域数字普惠金融平均指数趋势

从数字普惠金融的构成指数来看，2012—2021年，普惠金融的触及领域和业务范围逐渐在扩大，覆盖广度和使用深度指数处于平稳增长态势，变动的幅度较小；借助互联网的优势，数字化程度指数增长最快，波动幅度较大，在2015年达到了峰值，如图4-4所示。

首先，覆盖广度和使用深度指数的稳步增长表明了数字普惠金融在服务范围和服务深度方面的持续改善。这主要得益于金融科技的不断创新，使得金融产品和服务更加多样化和个性化，能够更好地满足用户的需求。特别是在近年来，随着云计算、大数据、人工智能等技术的发展，普惠金融服务得以进一步扩展和深化，涵盖了更广泛的人群和更多的金融需求，从而推动了覆盖广度和使用深度指数的持续增长。其次，数字化程度指数的快速增长反映了数字普惠金融在技术应用方面的突出优势。互联网技术的广泛应用使得金融服务更加便捷、高效，用户可以通过手机、电脑等终端随时随地进行金融交易，大大提升了金融服务的可获得性和便利性。尤其是在 2015 年达到峰值之后，数字化程度指数的波动主要受到了移动支付、线上理财、虚拟货币等新型金融业务的影响，这些业务的快速发展极大地推动了数字普惠金融的数字化程度指数。最后，在不同分指数的增长速度方面也出现了一些变化。使用深度指数在 2013 年之后大幅提升，主要是因为多种线上理财产品的涌现，使得金融产品的用户数量快速增加，对应的交易额度也大幅增长。而覆盖广度指数则在整个过程中增长相对稳定，上升趋势与数字普惠金融整体的发展趋势较为一致，反映了数字普惠金融服务范围的持续扩大和普及化的势头。

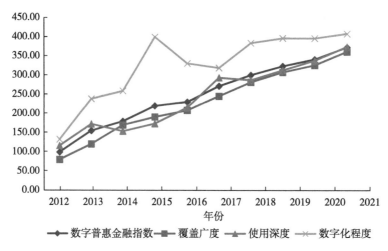

图 4-4　2012—2021 年数字普惠金融平均指数及分指数的均值

4.2　经济高质量发展评价指标体系

4.2.1　经济高质量发展评价指标体系的构建原则

经济高质量发展评价指标体系的构建需要始终围绕高质量发展的特征与目标以及新发展理念的深层次含义展开。高质量发展的特征包括经济增长的稳定、结构优化、效率提升、环境友好、社会公平等方面，而新发展理念则强调创新、协调、绿色、开放、共享的发展理念。因此，在构建评价指标体系时，必须兼顾这些方面的考量，确保指标能够全面反映经济高质量发展的各个方面。

在指标选取过程中，需要注重客观与主观相统一。这意味着既要选取反映发展成果和效益的结果指标，如GDP增长率、就业率、居民收入水平等，也要选取反映方式和手段的过程指标，如创新能力、生态环境质量、政策落实情况等。这样可以综合评价经济发展的综合效益和发展路径的合理性。同时，最终形成的指标体系要做到少而精，既全面又具有一定的层次性。指标数量过多可能导致评价结果失真，因为相关性较高的指标多次出现会使得一些重要指标的权重被较为次要的指标所取代，从而影响评价结果的真实性。而指标过少则无法涵盖高质量发展的各个方面，因此需要在全面性和精确性之间进行权衡。另外，为了避免指标间的重复，必须保证指数间虽然不能相互取代，但却存在着内在的关系，既独立又互相联系，可以互相补充、互相支撑。从而使评估指标更科学、更准确。同时，选择的指数应该具有动态特性，即在不同时期具有不同的特性。从而实现对不同时期、不同地区的高质量发展水平的准确评估。在选择过程中，还应考虑到所选择的各项指数是否可行，只有能够得到客观数据的指数才是可行的，也是实用的。

4.2.2 经济高质量发展指标体系的构建

对于经济高质量发展的现有研究还未明确评价指标体系构建的统一标准，现有文献大多在深入剖析经济高质量发展的内涵特征及其发展机制的基础上，从经济创新效率、经济结构优化、区域协调发展、生态文明建设、发展成果共享等方面展开评价指标体系的构建（魏敏　等，2018；李金昌　等，2019；张军扩　等，2019；徐银良、王慧艳，2020；苏丽敏、马翔文，2022）。学者所选择的每一个方面都符合新发展理念的五个维度，所以，在新发展理念的指导下，我们采取了一种科学、合理的构造方法，来对经济高质量发展的深层含义进行全面的总结和阐释。最后，建立了一个由5个方面、24个指标组成的经济高质量发展评价指标体系，这些指标所反映的各个方面都是互相支撑、互相补充的，是一个比较科学、完整的评价系统。

4.2.2.1 创新发展及其测度指标体系

在高质量发展的进程中，创新发展是一个非常关键的环节。创新发展是一种以创新为驱动力，促进经济持续发展的过程。这就意味着，我们的经济发展不能仅仅依靠传统的生产要素，而要更加依赖于科技和人才等优质要素，只有这样我们才能逐渐向创新型国家转变。缺乏创新动能是制约我国经济发展质量提高的主要因素，而创新驱动发展则可以充分发挥经济发展的潜能，将我国经济推向一个更高的层次。推动创新发展，必须重视创造创新环境，促进创新成果转化。创新环境的优化和完善有助于激发创新活力，包括政策环境、科研机构、人才培养等方面的支持。同时，创新成果的转化则需要强调科技成果向实际生产力的转化，推动科技创新更好地为经济社会发展服务。

在选取衡量创新发展的指标时，需要从不同角度反映创新能力和创新成效。首先，创新发展的增强离不开对科学研究的支持，因此"规模以上工业企业研发经费投入强度"可以反映对科学研究的资金投入水平。另外，"每万人中R&D人员全时当量"则衡量了具有创新能力的高素质劳动者的规模大小，突显了人才的重要性。创新所需的各种要素投入最终是为了产出创新成果，因此"技术合同成交额占GDP的比重"和"人均专利申请授权量"都是衡量创新成果产出水平的重要指标。其次，创新发展所带来的成效主要体现在高新产品和劳动生产率上。因此，"新产品销售收入占GDP比重"可以反映高新产品的推广应用程度，而"劳动生产率"则是衡量单位劳动投入的产出效率，是创新成效的重要体现。

通过以上的指标选取，可以全面而准确地评价经济创新发展的水平，为推动经济高质量发展提供重要的参考依据。

4.2.2.2 协调发展及其测度指标体系

协调发展是经济高质量发展过程中要实现的一种发展状态，同时也为高质量发展提供了发展思路。协调发展是指在经济稳定增长的前提下，解决发展不平衡的问题，以确保各个方面的发展能够相互促进、相互支撑，实现经济社会的全面协调发展。

首先，城乡发展不平衡是协调发展需要着重解决的问题之一。随着城市化进程的加速，城乡之间的差距逐渐显现，城市和农村之间的经济、社会、资源环境等方面存在不平衡的情况。因此，要努力缩小城乡之间的差距，加强统筹协调发展。"城乡居民人均可支配收入比""城乡居民人均消费支出比""城乡人口比"等是衡量城乡发展差距的重要指标。尤其要指出的是，这三个指数都是负面的，指数的数值越大，说明城市和乡村之间的差距越大，而且城乡之间的发展也会变得更加不均衡。其次，要解决产业发展的不平衡性，弥补产业发展的不足，促进产业结构的优化与升级。这就涉及用新的产业代替高污染和高能源消耗的传统产业，推动产业的平衡发展。衡量产业结构合理程度的指标如"第三产业值占GDP比重"和"第三产业值与第二产业值的比值",这些指标反映了第三产业在经济结构中的比重和占比关系。第三产业对经济发展有较强的促进作用,以第三产业为主导的产业发展方式也有利于资源和环境的保护,更加具有可持续性。

通过以上指标的衡量和分析,可以更全面地了解城乡发展不平衡、产业发展不均衡等问题的存在程度,为制定协调发展的政策和措施提供科学依据,推动经济实现高质量发展。

4.2.2.3 绿色发展及其测度指标体系

绿色发展就是将绿色可持续发展的思想贯穿经济发展的每一个环节,把生态环境保护贯穿发展的整个过程。这种思想取代了依靠高污染、高能源消耗的公司所产生的经济增长,转而努力从低增值转向高增值,以实现经济、社会和环境的可持续发展,这就需要全社会的共同努力,包括政府、企业、社会组织以及每个个体。政府应加强环境立法和监管,建立健全的生态保护制度和政策体系,确保环境法规的严格执行,推动企业向绿色、低碳方向转型升级。企业应积极响应国家政策,加大环保投入,采取节能减排措施,提升资源利用效率,推动生产方式向清洁、环保方向转变。同时,社会组织和公众应增强环保意识,倡导绿色生活方式,减少对环境的负面影响,共同为绿色发展贡献力量。只有通过全社会的共同努力,才能实现经济、社会和环境的协调发展,实现可持续发展的目标。首先,"绿水青山就是金山银山",绿色发展需要保护自然环境、做到绿色环保,从而提升人民的生活质量,实现人与自然和谐相处。衡量人居环境宜居程度的指标如"建成区绿化覆盖率",反映了城市绿化水平,而"单位GDP电力消耗量"则衡量了经济增长过程中的能源消耗情况,低碳环保程度。其次,在污染治理层面,绿色发展要逐渐实现全产业链的绿色化、可持续发展,淘汰各类高能耗低产出的工业企业,节约利用资源,避免资源浪费。"单位GDP二氧化硫排放"作为负向指标,衡量了经济发展过程中主要污染物对生态环境的影响程度,而"单位GDP工业污染治理投资"则反映了治理污染所投入的资源和力度。"生活垃圾无害化处理率"则是衡量了生活垃圾处理工作的有效性和环保程度,直接影响着城市环境的整洁和人民的生活质量。通过以上的指标衡量,可以全面评估绿色发展的水平和效果,为制定环保政策、推动经济转型升级提供科学依据,实现经济、社会和环境的协调发展。

4.2.2.4　开放发展及其测度指标体系

开放发展是指在经济平稳发展的过程中不断增强对外开放能力，提升对外开放水平。作为一个全球化时代的国家，我国一直致力于加强与其他国家的合作，促进国际贸易、技术交流和人员往来，以实施对外开放战略推动经济发展。在这个过程中，进出口贸易对于开放发展来说至关重要。通过"进出口贸易总额占GDP比重"这一指标，可以较好地反映我国对外贸易发展的水平和规模，进而评估我国的对外开放程度和国际竞争力。除了进出口贸易，利用外资也是推动我国经济发展的重要助力。吸引外资不仅可以促进产业结构升级和技术创新，还可以促进就业和经济增长。因此，"外商直接投资占GDP比重"这一指标反映了我国吸引外资的能力以及外资在我国经济发展中的利用程度。通过这一指标的观察，可以了解我国对外资的吸引力以及外资在我国经济中的地位和作用，进而制定相应的政策措施，优化外资利用结构，推动我国经济向更高质量发展。从中可以看出，开放发展是我国经济发展的必然选择和重要战略，进出口贸易和利用外资是其中至关重要的组成部分。通过科学衡量相关指标，可以更好地了解我国开放发展的状况和趋势，为制定相应政策提供科学依据，进一步推动我国经济的开放和发展。

4.2.2.5　共享发展及其测度指标体系

共享发展的核心理念是确保经济增长的成果能够惠及所有社会成员，特别是那些处于社会边缘的群体。在中国，全面小康社会的实现是共享发展的重要里程碑，这意味着全国人民生活水平的显著提高和贫困人口数量的大幅减少。这一成就得益于中国政府长期以来实施的脱贫攻坚和乡村振兴战略。通过实施精准扶贫政策和大规模投入，中国成功解决了数以亿计的贫困人口的基本生活需求，为他们提供了教育、医疗、住房等方面的保障，实现了从绝对贫困到全面小康的历史性跨越。同时，乡村振兴战略的深入实施也为农村地区的经济发展和社会进步注入了新的动力，促进了城乡居民生活水平的逐步均衡。因此，共享发展的实现需要政府、社会各界和个人的共同努力，才能实现经济、社会和人民生活的全面提升。在推动经济高质量发展的进程中，缩小城乡收入差距、实现城乡居民生活水平的均衡提升是至关重要的任务之一。通过不断改善城乡居民的收入水平和生活条件，可以有效促进社会公平和经济可持续发展。在实现这一目标的过程中，需要注重收入分配和再分配的公平性与效率性的平衡，确保所有人都能够分享到经济发展的成果，从而增强人民的获得感、幸福感和安全感。共享发展的指标涵盖了多个方面，其中包括居民的收入水平和生活水平。通过衡量人均可支配收入和人均消费支出等指标，可以评估居民的经济状况和生活质量。此外，基础设施建设和社会保障也是共享发展的重要组成部分。衡量人均公路里程数和人均卫生机构数等指标可以反映基础设施建设的水平，而平均医疗保险参保人数和平均养老保险参保人数等指标则可以反映社会保障的覆盖范围和力度。通过综合考量这些指标，可以全面评估共享发展的水平，为进一步促进经济高质量发展提供重要参考。例如，"人均可支配收入"和"人均消费支出"这两个指标，直接反映了居民的收入水平和消费水平，是评价居民生活质量的重要标志。此外，基础设施的完善也是共享发展的重要保障之一。指标如"人均运输路线长度"和"人均卫生机构数"衡量了交通和医疗等基础设施的完善水平，直接影响着居民的生活便利度和健康水平。另外，社会保障是共享发展的重要一环。通过"平均医疗保险参保人数""平均养老保险参保人数"等指标来衡量社会生活保障的力度和覆盖范围，可以直观地了解社会保障制度的健全程度，以及人民群众的基本生活保障情况。总的来说，共享发展是实现经济社会可持续发展的重要路径之一。通过科学衡量和评估相关指标，可以更好地了解我国共享发展的现状和问题，为制定合理的政策和措施提供科学依据，进一步推动我国经济社会的全面发展和进步，具体情况分析见表4-2。

表4-2 经济高质量发展指标体系

目标层	准则层	一级指标	二级指标	正负性
经济高质量发展	创新	创新投入	R&D经费占GDP比重	正
			每万人中R&D人员全时当量	正
		创新产出	技术合同成交额占GDP比重	正
			人均专利申请授权量	正
		创新成效	新产品销售收入占GDP比重	正
			劳动生产率	正
	协调	城乡协调	城乡居民人均可支配收入比	负
			城乡居民人均消费支出比	负
			城乡人口比	负
		产业协调	第三产业值占GDP比重	正
			第三产业值与第二产业值的比值	正
	绿色	绿化环保	建成区绿化覆盖率	正
			单位GDP电力消耗量	负
		污染治理	单位GDP二氧化硫排放	负
			单位GDP工业污染治理投资	正
			生活垃圾无害化处理率	正

目标层	准则层	一级指标	二级指标	正负性
经济高质量发展	开放	对外经贸	进出口贸易总额占GDP比重	正
			外商直接投资占GDP比重	正
	共享	生活水平	人均可支配收入	正
			人均消费支出	正
		基础设施	人均运输路线长度	正
			人均卫生机构数	正
		社会保障	平均医疗保险参保人数	正
			平均养老保险参保人数	正

4.2.3 经济高质量发展评价体系的测度方法

相比于主成分分析和熵权法，纵横向拉开档次法有助于解决基于面板数据来构造动态评价体系的难题。主成分分析和熵权法等传统方法在指标权重确定时通常是静态的，即不考虑时间的变化。这种静态方法可能忽视了时间维度的重要性，不能充分反映出指标在不同时间点的变化趋势和影响力。而纵横向拉开档次法能够充分考虑时间因素，将时间维度融入指标权重的确定过程中，使评价体系更具动态性和时效性。具体来说，纵横向拉开档次法通过对时间序列数据进行分析，可以发现指标在不同时间点的波动和趋势变化。基于这些分析结果，可以调整和优化指标的权重，使其更加贴合当前时期的发展需求和特点。这样的动态权重确定方法能够更准确地反映出经济、社会和环境等方面的变化，为决策者提供更具有针对性和实效性的政策建议。相比传统方法，它能够更好地应对面板数据分析中的挑战，为评价体系的建立提供更为科学和准确的方法。通过该方法，可以更全面地监测和评估经济发展、社会进步和环境保护等方面的情况。该方法能够充分利用时间维度的信息，从而更好地反映出不同时间点的变化趋势和发展动态。通过对指标权重的动态调整，可以及时捕捉到各个时间点上的重要变化，从而更准确地评估发展趋势和效果。此外，纵横向拉开档次法还能够考虑到不同地区或个体之间的差异，更全面地理解发展不平衡现象和区域间的发展差距。通过综合考量横向和纵向的数据，可以更好地制定有针对性的政策措施，促进全面发展和均衡发展。总之，纵横向拉开档次法的运用为构建动态评价体系提供了重要方法论支持，有助于更全面、更准确地监测和评估各个方面的发展状况，为政策制定和决策提供科学依据。因此，纵横向拉开档次法在构建动态评价体系时具有重要意义。李旭辉（2020）针对这一问题，提出了一种基于卿青平和王瑛（2019）改进的逐层纵横向拉开档次法，它既能从下到上地层层求取指标的权重，又能通过时间加权来综合评估一个时期的整体发展特性。因为我们构建的高质量发展系统包括各个层级的指标，所以本节也采用这种方法对中国2011—2021年度的高质量发展指数进行了测算。

设 $X_{ij}(t_k)$ 表示第 i 个省级行政区第 j 个二级指标在第 t_k 年度经过中心化后的原始指标数据（$i=0, 1, 2, \cdots, n$; $j=1, 2, \cdots, m$; $k=1, 2, \cdots, N$），每个指标的数值都被映射到了 $[0, 1]$ 的范围内，使得各个指标的重要性更容易比较和分析。这种处理方法能够更好地反映各个指标在不同时间点的相对变化情况，为后续的权重确定和评价体系的建立提供了基础，$x_{ij}(t_k)$ 是处理好的值。

$$x_{ij}(t_k) = \begin{cases} \dfrac{X_{ij}(t_k) - \min\left(X_{ij}(t_k)\right)}{\max\left(X_{ij}(t_k)\right) - \min\left(X_{ij}(t_k)\right)}, & X_{ij}(t_k) \text{ 为正向指标} \\[4mm] \dfrac{\max\left(X_{ij}(t_k)\right) - X_{ij}(t_k)}{\max\left(X_{ij}(t_k)\right) - \min\left(X_{ij}(t_k)\right)}, & X_{ij}(t_k) \text{ 为负向指标} \end{cases} \tag{4-1}$$

设第 p 层（$p=1, 2, 3, 4$），有 n_p 个指标，自上而下来看，二级指标所在的层级为第四层，有 $n_4(n_4=m)$ 个指标，准则层所在的层级为第二层，有 n_2 个指标。对于第三层，每个一级指标的综合评分需要通过其对应的二级指标线性加权得到，设第 q 个一级指标中有 q_n 个二级指标，则第三层的第 q 个一级指标的综合评分为：

$$y_i^{(3, q)}(t_k) = \sum_{j=1}^{n_q} w_j x_{ij}^{(4, q)}(t_k) \tag{4-2}$$

利用逐层纵横向拉开档次法求解高质量发展体系指标权重的原则是最大化各截面、各省级行政区之间的数据特征差异，并使用离差平方和来刻画这种差异。这一方法的核心思想是将指标权重的确定过程分为多个层次，既考虑了时间维度上的变化，又考虑了空间维度上的差异，从而更加全面地评估高质量发展的情况。在逐层纵横向拉开档次法中，首先针对不同时间点的数据进行纵向拉开，以突出时间序列的动态特征。然后在各个时间点的基础上，再横向拉开各省级行政区之间的数据，以突出空间上的差异。这样一来，可以充分考虑到不同地区、不同时期的发展状况，从而更准确地确定指标的权重。在指标权重向量模为1且其各向量元素均为正的条件下，利用郭亚军（2002）给出的权重计算方法求解二级指标权重系数向量，从而得出各一级指标的综合评分，然后采用相同的确权方法计算各准则层指标的综合评分以及最终的高质量发展指数。测度各地区整个样本观测期的高质量发展水平可以全面评价数据的整体特征，通过引入时间权重可以对不同时期的测度结果进行整合，使得评价体系更加全面和准确。时间权重的确立原则是基于信息熵最大化，这就意味着权重的确定要尽可能地使得各个时间点的信息熵达到最大，从而保留更多的信息，反映出时间序列的变化特征。然而，在确定时间权重时，需要注意避免权重之间的差异被信息熵过度缩小的问题。为了解决这一问题，可以引入时间度 λ进行协调。时间度 λ 可以用来平衡不同时间点之间的权重差异，使得权重的波动相对平缓，不至于出现过度集中或分散的情况。通过引入时间度 λ，可以在信息熵最大化的基础上，进一步考虑权重之间的平衡性和稳定性，从而使得评价体系更加合理和可靠。这样，不仅可以综合考虑到不同时间点的重要性，还可以避免权重波动过大导致评价结果的不稳定性，为决策提供更为可靠的参考依据。因此，时间权重的求解可转化为式（4-3）中的非线性规划问题：

$$\max \left(-\sum_{k=1}^{N} w_k \ln w_k\right)$$
$$s.t. \lambda = \sum_{k=1}^{N} \frac{N-k}{N-1} w_k \quad \lambda \in [0, 1] \quad (4-3)$$

其中，w_k 为时间权重向量，一般来说，时间度 λ 的数值越大，代表着评价体系对于远期数据的重视程度越高，反之则越低。当时间度 λ 的数值较大时，评价体系更加注重对远期数据的考量。这意味着在确定权重时，更多地考虑了长期趋势和持续性变化，而对短期波动的影响则相对较小。这样的设定有助于稳定评价结果，使评价体系更加长远和稳健。相反，当时间度 λ 的数值较小时，评价体系更加注重对近期数据的考量。这样的设定会使评价体系更加敏感于近期的变化和波动，能够更及时地反映出经济发展的最新情况。本书倾向于重视近期数据，将时间度设定为0.35。由此可以看出，最终的测度值是各年份高质量发展指数的再加权，这一过程既考虑了高质量发展水平较低的时期在整个发展过程中的贡献，又能拉开各地区在高质量发展方面的差距，从而通过更加均衡的视角比较不同地区在整个样本观测期内的表现。

4.2.4 经济高质量发展现状

本书根据经济高质量发展体系中各指标的度量方法，选取了2012—2021年涵盖我国31个省级行政区（不含港、澳、台地区）的相关数据，对原始数据进行预处理后利用逐层纵横向拉开档次法计算各层指标权重，得出的权重数值经整理见表4-3。

表4-3 31个省级行政区经济高质量发展评价体系指标权重

目标层	准则层	准则层权重	一级指标	一级指标权重	二级指标	二级指标权重
经济高质量发展	创新	0.1749	创新投入	0.33549	R&D经费占GDP比重	0.53026
					每万人中R&D人员全时当量	0.46974
			创新产出	0.26822	人均专利申请授权量	0.48875
					技术市场成交额占GDP比重	0.51125
			创新成效	0.3963	劳动生产率	0.50922
					新产品销售收入占GDP比重	0.49078
	协调	0.22543	城乡协调	0.61576	城乡人口比	0.36008
					城乡居民人均可支配收入比	0.30471
					城乡居民人均消费支出比	0.33521
			产业协调	0.38424	第三产业值与第二产业值的比值	0.4487
					第三产业值占GDP比重	0.5513
	绿色	0.27107	绿化环保	0.49615	单位GDP电力消耗量	0.52362
					建成区绿化覆盖率	0.47638
			污染治理	0.50385	单位GDP二氧化硫排放	0.40747
					单位GDP工业污染治理投资	0.17528
					生活垃圾无害化处理率	0.41724
	开放	0.12976	对外经贸	1	外商直接投资占GDP比重	0.41684
					进出口贸易总额占GDP比重	0.58316
	共享	0.19884	生活水平	0.32661	人均可支配收入	0.48611
					人均消费支出	0.51389
			基础设施	0.26189	人均卫生机构数	0.55632
					人均运输路线长度	0.44368
			社会保障	0.41149	平均养老保险参保人数	0.42462
					平均医疗保险参保人数	0.57538

取 $\lambda=0.35$，最终计算得到的时间权重见表4-4。

表4-4 2012—2021年的时间权重

	年份									
	2012	2013	2014	2015	2016	2017	2018	2019	2020	2021
权重	0.041	0.049	0.058	0.069	0.082	0.097	0.115	0.136	0.162	0.192

对于个别省份的缺失值，本书用上一期数据进行填补；对于期间内的缺失值，

取其前后两期数据的均值进行插补。对于以美元为单位的外商投资企业进出口总额和非金融对外直接投资数据，均按当年人民币兑美元年均汇率转化为人民币计量。考虑到一些涉及价格变动的统计指标可能会影响评价结果的真实性，本书采取了一项重要的措施来处理这一问题。具体而言，以2012年为基期，利用地区生产总值指数、固定资产投资价格指数、各产业增加值指数和居民消费价格指数，对（人均）GDP、固定资产投资、第三产业增加值、人均可支配收入等指标进行了平减。平减操作的目的在于剔除价格变动对经济高质量发展评价体系的影响，以便更准确地反映经济的实际增长水平。通过将指标调整为基准年的实际价格水平，可以消除价格因素对指标的影响，使得评价结果更加客观和准确。具体地，平减操作采用了不同的价格指数进行调整，以反映不同经济领域的价格变动情况。地区生产总值指数用于调整（人均）GDP，固定资产投资价格指数用于调整固定资产投资，各产业增加值指数用于调整第三产业增加值，而居民消费价格指数则用于调整人均可支配收入。这样一来，通过平减操作，就可以更准确地评价经济高质量发展的水平，而不会受到价格变动的干扰。在已知各级指标权重的基础上，进一步计算出各省级行政区每一年份的高质量发展指数，详细结果见表4-5；然后再引入时间权重得出各省市整个观测期内高质量发展的综合水平并进行排名，最终经济高质量发展水平和排名见表4-6。

表4-5　2012—2021年31个省级行政区经济高质量发展指数

省级行政区	年份									
	2012	2013	2014	2015	2016	2017	2018	2019	2020	2021
北京	2.173	2.190	2.201	2.137	2.198	2.226	2.263	2.291	2.289	2.295
天津	2.037	2.071	2.093	2.101	2.118	2.084	2.095	2.098	2.108	2.140
河北	1.728	1.759	1.798	1.824	1.899	1.940	1.965	1.979	2.000	2.032
山西	1.648	1.694	1.714	1.744	1.787	1.857	1.889	1.901	1.921	1.924
内蒙古	1.646	1.691	1.735	1.747	1.804	1.866	1.872	1.884	1.891	1.927
辽宁	1.770	1.810	1.841	1.851	1.865	1.918	1.969	1.978	2.003	2.023
吉林	1.711	1.733	1.779	1.827	1.865	1.851	1.927	1.962	1.999	2.006
黑龙江	1.657	1.696	1.726	1.770	1.802	1.854	1.880	1.920	1.951	1.976
上海	2.010	2.032	2.079	2.100	2.126	2.143	2.139	2.161	2.179	2.221
江苏	2.006	1.996	2.018	2.035	2.056	2.103	2.121	2.149	2.181	2.223
浙江	1.986	2.037	2.071	2.088	2.113	2.122	2.155	2.186	2.220	2.254
安徽	1.781	1.817	1.844	1.867	1.898	1.920	2.000	2.033	2.060	2.102
福建	1.875	1.899	1.909	1.917	1.927	1.998	2.011	2.034	2.058	2.102
江西	1.784	1.806	1.820	1.837	1.868	1.956	1.996	2.021	2.050	2.075

省级行政区	年份									
	2012	2013	2014	2015	2016	2017	2018	2019	2020	2021
山东	1.870	1.901	1.933	1.970	1.997	2.018	2.019	2.030	2.055	2.113
河南	1.696	1.738	1.775	1.793	1.839	1.921	1.950	1.972	2.001	2.024
湖北	1.762	1.811	1.844	1.861	1.893	1.970	1.997	2.015	2.052	2.086
湖南	1.782	1.813	1.850	1.881	1.908	1.984	2.001	2.012	2.033	2.072
广东	1.992	2.014	2.023	2.038	2.069	2.099	2.139	2.146	2.169	2.203
广西	1.710	1.729	1.756	1.780	1.812	1.909	1.920	1.939	1.960	1.987
海南	1.821	1.852	1.860	1.853	1.879	1.884	1.951	1.971	2.068	2.121
重庆	1.867	1.892	1.926	1.937	1.974	1.988	2.004	2.005	2.044	2.079
四川	1.745	1.780	1.802	1.822	1.885	1.943	1.985	2.007	2.025	2.042
贵州	1.523	1.586	1.617	1.652	1.694	1.715	1.834	1.861	1.891	1.903
云南	1.617	1.638	1.677	1.693	1.727	1.816	1.849	1.878	1.900	1.920
西藏	1.727	1.695	1.815	1.807	1.766	1.788	1.873	1.882	1.908	1.924
陕西	1.693	1.738	1.763	1.787	1.815	1.826	1.901	1.922	1.953	1.977
甘肃	1.467	1.503	1.555	1.564	1.639	1.770	1.787	1.813	1.822	1.837
青海	1.525	1.526	1.579	1.602	1.695	1.744	1.766	1.794	1.810	1.815
宁夏	1.520	1.624	1.671	1.648	1.761	1.784	1.808	1.823	1.863	1.878
新疆	1.635	1.659	1.660	1.642	1.679	1.708	1.784	1.814	1.837	1.851

表4-6 31个省级行政区经济高质量发展综合水平

省级行政区	经济高质量发展水平	排名	省级行政区	经济高质量发展水平	排名
北京	2.248545	1	河北	1.938081	17
浙江	2.159555	2	河南	1.921511	18
上海	2.14662	3	吉林	1.911857	19
江苏	2.12388	4	广西	1.894595	20
广东	2.12163	5	陕西	1.879766	21
天津	2.10366	6	黑龙江	1.871441	22
山东	2.021951	7	山西	1.851033	23
福建	2.007571	8	西藏	1.849835	24
重庆	2.000587	9	内蒙古	1.845945	25
安徽	1.980845	10	云南	1.820396	26
湖北	1.976872	11	贵州	1.786242	27
湖南	1.97657	12	宁夏	1.78584	28
海南	1.970172	13	新疆	1.764037	29
江西	1.969503	14	甘肃	1.735288	30
四川	1.951013	15	青海	1.734135	31
辽宁	1.940991	16			

从综合水平来看，北京、浙江、上海、江苏这些经济发达的省级行政区经济高质量发展水平名列前茅，西部地区的云南、贵州、宁夏、新疆、甘肃、青海经济高质量发展综合水平相较落后。以北京为例，其经济高质量发展水平是青海的1.3倍，显示出了地区之间的巨大差距。

从总体水平来看，我国2012—2021年期间经济高质量发展取得了显著进展。无论是经济发达地区还是西部地区，都实现了进一步的发展。这表明中国经济高质量发展的进程是有条不紊的，持续向前推进。图4-5所示为我国2012年至2021年间整体的经济高质量发展水平。从图中可以看出，经济高质量发展水平的平均值随着时间的推移，每年都在持续地增长。同时，根据增长幅度可以看出，2015年的增速最低，仅有0.78%；2017年的增速最高，达到了2.31%。

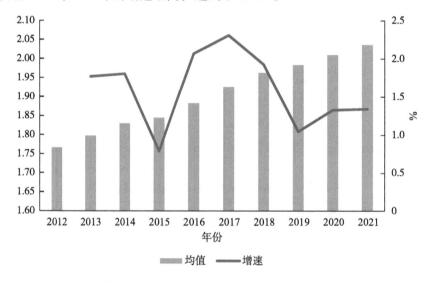

图4-5 中国经济高质量发展平均水平和增速

分省级行政区来看，从图4-6可以看出，经济高质量发展不平衡的现象正在逐步缓解。北京的经济高质量发展水平一直位于全国之首，是全国高质量发展水平最高的区域，发展优势明显，处于遥遥领先的地位，远超位居第二和第三的是浙江和上海。但是北京这10年的增速则是倒数第二，2021年相较于2012年仅增长了5.63%；增速排名倒数第一的是综合发展水平第六的天津，增速只有5.04%。而排名靠后的甘肃、贵州和宁夏的增速均超过了20%，分别为25.28%、24.99%和23.53%。中西部地区和东部发达地区之间的差距正在逐步缩小。

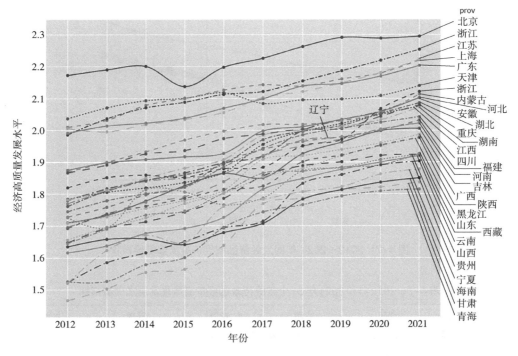

图4-6 不同省级行政区的经济高质量发展变化趋势

分区域来看，从图4-7可以看出，西部地区落后于其他地区的问题依旧突出，东部地区的经济高质量水平一直领跑全国。东部地区的经济高质量发展水平一直高于全国的平均水平；中部地区在2017年前略低于全国水平，2017年后经济高质量发展水平略高于全国水平；东北地区的经济高质量发展水平一直都是低于全国水平，但是这个差距不是太大。西部地区的经济高质量发展水平和全国平均水平差距较大，但是这个差距随着时间的发展也在逐步缩小。就发展速度而言，与2012年相比，西部、中部地区的高质量发展平均水平分别为17.62%和17.51%；东北地区增长速度为16.88%；但是，东部地区的经济增长率却没有高于全国平均水平（15.28%）。这表明，中西部地区的高质量发展具有很大的潜力，西部大开发、中部崛起等战略政策对推动中国中西部地区的经济高质量发展起到了积极的作用，然而，中西部地区的经济基础一直比较薄弱，要"赶超"其他区域还有很长的路要走。

为了进一步对高质量发展体系的维度指标进行分析，本书将2012年和2021年中我国经济高质量发展五个准则层指标进行整理，得到表4-7。

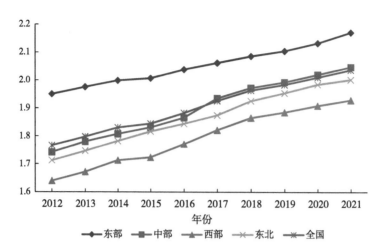

图 4-7　2012—2021 年四大经济区域经济高质量发展现状

表 4-7　2012 年和 2021 年 31 个省级行政区经济高质量发展准则层指标

区域	省级行政区	创新		协调		绿色		开放		共享	
		2012年	2021年	2012年	2021年	2012年	2021年	2012年	2021年	2012年	2021年
东部	北京	1.591	1.814	2.184	2.355	2.745	2.824	2.175	1.655	1.770	2.346
	天津	1.953	1.925	2.109	2.200	2.497	2.610	1.707	1.543	1.556	2.008
	河北	1.288	1.725	2.045	2.254	2.315	2.613	1.115	1.115	1.313	1.857
	上海	1.727	1.895	1.756	2.170	2.481	2.637	2.136	1.830	1.735	2.253
	江苏	1.972	2.442	2.061	2.171	2.582	2.695	1.564	1.391	1.414	1.987
	浙江	1.713	2.368	2.146	2.283	2.556	2.644	1.497	1.487	1.534	2.087
	福建	1.414	1.900	2.001	2.140	2.599	2.710	1.423	1.322	1.364	1.917
	山东	1.656	2.042	1.959	2.176	2.558	2.647	1.309	1.322	1.328	1.892
	广东	1.749	2.300	1.926	2.138	2.462	2.683	1.946	1.588	1.576	1.939
	海南	1.117	1.276	2.045	2.461	2.636	2.650	1.285	2.023	1.336	1.822
	均值	1.618	1.969	2.023	2.235	2.543	2.671	1.616	1.528	1.493	2.011
中部	山西	1.226	1.412	1.914	2.049	2.160	2.610	1.066	1.082	1.377	1.846
	安徽	1.444	1.984	2.032	2.256	2.491	2.698	1.112	1.142	1.197	1.843
	江西	1.234	1.773	2.000	2.219	2.562	2.739	1.140	1.143	1.323	1.881
	河南	1.271	1.626	1.934	2.272	2.362	2.660	1.092	1.117	1.232	1.820
	湖北	1.405	1.898	2.063	2.263	2.370	2.698	1.073	1.091	1.316	1.864
	湖南	1.406	1.850	1.975	2.210	2.503	2.691	1.051	1.112	1.357	1.896
	均值	1.331	1.757	1.987	2.211	2.408	2.683	1.089	1.114	1.300	1.858

区域	省级行政区	创新		协调		绿色		开放		共享	
		2012年	2021年	2012年	2021年	2012年	2021年	2012年	2021年	2012年	2021年
西部	内蒙古	1.274	1.509	1.923	2.058	2.077	2.491	1.054	1.046	1.455	1.950
	广西	1.209	1.469	1.922	2.259	2.443	2.603	1.138	1.239	1.212	1.781
	重庆	1.367	1.817	1.919	2.153	2.582	2.669	1.249	1.245	1.665	1.967
	四川	1.250	1.542	1.952	2.259	2.447	2.683	1.131	1.150	1.343	1.945
	贵州	1.118	1.376	1.744	2.038	2.039	2.610	1.048	1.027	1.191	1.822
	云南	1.111	1.463	1.800	2.043	2.325	2.642	1.098	1.100	1.156	1.734
	西藏	1.034	1.158	1.822	2.059	2.418	2.624	1.258	1.011	1.554	2.085
	陕西	1.286	1.647	1.748	2.013	2.451	2.645	1.052	1.137	1.343	1.863
	甘肃	1.197	1.286	1.716	1.990	1.737	2.452	1.084	1.039	1.289	1.833
	青海	1.112	1.262	1.938	2.079	1.762	2.261	1.036	1.004	1.418	1.925
	宁夏	1.211	1.533	1.898	2.069	1.640	2.391	1.051	1.040	1.534	1.813
	新疆	1.092	1.245	1.906	2.114	2.131	2.432	1.179	1.080	1.388	1.796
	均值	1.188	1.442	1.857	2.095	2.171	2.542	1.115	1.093	1.379	1.876
东北	辽宁	1.427	1.625	1.764	2.137	2.374	2.612	1.324	1.255	1.521	1.939
	吉林	1.324	1.448	2.140	2.270	2.065	2.645	1.151	1.104	1.421	1.913
	黑龙江	1.196	1.339	1.965	2.333	2.104	2.580	1.181	1.123	1.376	1.865
	均值	1.316	1.471	1.956	2.247	2.181	2.612	1.219	1.161	1.439	1.906
全国均值		1.367	1.676	1.945	2.177	2.338	2.618	1.281	1.244	1.406	1.919

从创新发展上，除了天津是负增长，其他省级行政区在创新发展上均有所提升。2021年创新发展指数居于全国创新发展平均水平之上的省级行政区有14个，相比2012年新增了重庆、江西、河北三个省级行政区，减少了辽宁。其中，江西在这段时间里创新发展水平增幅最大，达到了43.72%，而辽宁却在创新发展的道路上"掉了队"（辽宁在2012年居于全国创新驱动平均水平之上，在2021年却低于平均水平）。同时，2012年创新发展指数高于全国平均值的省级行政区，都是东、中部的省级行政区；2021年高于全国平均水平的除了西部的重庆，其余也是东、中部的省级行政区。说明东北三省及西部地区的创新动力十分薄弱，新兴产业很难得到足够的创新环境来支持它们的发展，特别是在黑吉辽三省，过分依靠传统重工业的发展方式已经不能满足当前的经济形势，激发创新活力，是东北地区实现高质量发展的一种强有力的推动力。

在协调发展方面，我们可以观察到过去几年间的明显变化。2012年，大部分中西部地区的省级行政区的协调发展水平未能达到全国平均水平。然而，到了2021年，情况已经发生了显著改变。河南、四川、安徽、江西、湖南等五个中、西部地区的省级行政区的协调发展水平已经超过了全国平均水平。这一变化反映了中、西部地区在经济发展方面取得的巨大进步。这些地区通过实施各种政策措施，促进了城乡发展的均衡，加强了产业结构的优化和升级，推动了经济结构的转型升级，从而提高了整体经济的协调性和稳定性。另外，东部地区在协调发展水平方面表现稳定，但与中西部地区相比，其占比已经出现下降趋势。这说明随着时间的推移，中西部地区的经济结构将变得更加合理，城乡发展将更加均衡。这一趋势的持续发展将有助于缩小不同地区之间的发展差距，实现全国经济的协调发展和全面发展。

在绿色发展方面，我们可以看到各省级行政区在生态环境保护和绿色发展方面的不懈努力。值得注意的是，所有省级行政区的绿色发展都有了不同程度的提升，这是一个令人欣慰的趋势。具体而言，宁夏、甘肃和青海在绿色发展的增幅方面表现最为突出，分别达到了45.74%、41.17%和28.29%。这表明了西部在改善生态环境和治理污染上下了很大功夫，把绿色发展的思想贯穿高质量发展的始终。此外，除河北、山西以外，我国东、中、西部各省级行政区的生态环境建设总体上均超过全国平均值。这表明，在经济发展较快的地区，既要注重经济的发展，又要注重生态环境的建设。与之相反，我国东北地区的生态环境建设一直落后于全国平均水平。究其原因，是过度开发、产业污染等一系列问题，对东北地区高质量发展造成了极大的阻碍。因此，东北地区在生态环境修复方面需要更加努力，以确保经济发展与环境保护之间的良性互动，实现可持续发展的目标。

在开放发展方面，我们可以观察到一些显著的趋势和变化。首先，有14个省级行政区的开放发展呈现正增长趋势，这意味着它们在对外开放方面取得了积极的成果。相反，其余省级行政区则出现了不同程度的倒退，这需要我们深入研究分析其原因和因素。其中，海南的增幅最为显著，达到了57.45%。这可能与海南作为我国最大的经济特区，以及实施全面深化改革和试验最高水平开放政策的独特优势密切相关。作为特区，海南在吸引外资、推动国际贸易以及引进先进技术等方面具有较大的政策支持和政策优势，这有助于推动其开放发展水平的迅速提升。另外，从2012年到2021年，开放发展水平高于全国平均水平的除了辽宁外，其余均为东部省级行政区；而到了2021年，重庆也加入了这一行列。这表明，在开放发展整体水平上，东部发达地区由于其地理位置等因素，具有天然的发展优势。然而，值得注意的是，尽管东部地区在整体水平上处于领先地位，但在增幅方面，高于全国平均水平的大多数是中、西部地区。这说明，随着开放发展的推进，东部与中西部地区之间的差距正在逐步缩小，这是一个积极的变化趋势，有助于实现全国经济的均衡发展和协调发展。

在共享发展方面，北京和上海一直都是名列前茅的省级行政区，而云南的共享发展水平则一直处于垫底位置。这种差异可能受到地区经济发展水平、政策扶持力度、社会保障水平等多方面因素的影响。观察增幅数据可以发现，安徽和贵州的共享发展水平增长较快，分别为53.91%和52.97%，位居前列。这表明，这两个省级行政区在共享发展方面取得了显著的进步，可能是通过一系列政策措施和经济发展计划的实施，提高了民众的生活水平和福祉。值得注意的是，一些东部和西部省级行政区的共享发展水平高于全国平均水平。东部地区由于经济发达，拥有更多的资源和政策支持，因此能够较好地推动共享发展。而西部地区则可能因为地域辽阔、人口稀少等因素，使得其经济发展成果能够更加平等地惠及广大民众，从而在共享发展方面取得了一定的成绩。总体而言，共享发展是一个重要的发展目标，也是衡量经济社会发展公平性和可持续性的重要标志。各地区需要不断加强政策支持，优化资源配置，促进共享发展水平的提升，以实现全体人民共同富裕的目标。

5 数字普惠金融影响经济高质量发展的实证研究

5.1　模型设定

为了探究数字普惠金融对经济高质量发展的直接影响以及数字普惠金融对经济高质量发展的影响是否存在区域异质性，针对前文提出的假设1与假设2，本节设定如下所示的基准回归模型。

$$hqd_{it} = \beta_0 + \beta_1 dif_{it} + \beta_j \sum X_{it} + \mu_i + \lambda_i + \varepsilon_{it} \tag{5-1}$$

其中小标i表示省级行政区（$1 \leq i \leq n$），小标t表示时间（$1 \leq t \leq T$）；μ_i表示省域的地区固定效应；λ_i为时间固定效应；ε_{it}为误差项。hqd表示用纵横向拉开档次法测度出来的经济高质量发展指数，是被解释变量；dif表示数字普惠金融指数；X表示一系列的控制变量，根据相关文献梳理，本书选取经济发展水平、财政支出水平、税收水平、教育水平、人口结构和传统金融发展作为控制变量。

5.2　变量选取与数据来源

1.被解释变量

经济高质量发展（hqd）：第4章中使用纵横向拉开档次法计算的经济高质量发展指数表示我国31个省级行政区（除港澳台）高质量的经济发展水平。高质量的经济发展指数包括五个维度：创新、协调、绿色、开放、共享，囊括24个发展指标，能够比较科学客观地来评价各个省份的经济高质量发展的水平。

2.核心解释变量

数字普惠金融（dif）：数字普惠金融指数，指标体系包含了三个二级维度，分别为数字金融的覆盖广度、使用深度、普惠金融的数字化程度。本书使用北京大学数字普惠金融指数的数字普惠金融指数dif为核心解释变量，其来自北京大学数字金融研究中心，来研究数字普惠金融的发展对高质量的经济发展的影响。

3.控制变量

研究经济高质量发展与过去简单地对经济增长进行研究不同，它牵涉到了经济和社会的方方面面，所以，在考虑到影响经济高质量发展的各项因素时，必须保证这个影响因素对经济高质量发展的多重影响。在对相关学者的研究文献进行分析后，最后选择了以下几个控制变量。

（1）经济发展水平（eco）：用区域人均 GDP 的数值来表示。一个地区的经济发展程度直接关系到这个地区的高质量发展，当一个地区的经济发展程度较高时，这个地区就会更愿意进行经济发展的转型，这样才能让这个地区的经济发展更好更快，提升这个地区的经济发展品质。经济发展水平的高低直接关系到该地区的经济状况和发展潜力，因此对于政府和企业来说，了解和评估经济发展水平是制定政策和决策的重要依据。

（2）政府干预水平（gov）：大量的研究显示，财政支出是以财政方式来调节经济活动的一种方式，它在一定程度上促进了经济的发展。政府的财政支出不仅可以影响到资源配置的好坏、各个行业的发展，还可以通过对社会福利的重新分配，进而影响到不同阶层之间的利益关系。本书提出了一种新的研究思路，即以总财政支出与国内生产总值之比作为衡量政府干预程度的指标。政府干预水平的高低直接关系到经济的稳定和发展，政府在经济中的角色和作用不可忽视。

（3）税收水平（tax）：本书以税收与 GDP 之比作为衡量我国税收状况的指标。以税收占地区国内生产总值的比率作为计量单位。区域税负的高低与经济高质量发展程度成反比，若税率太高，不仅会使企业的生产成本升高，而且会使企业在国际市场中的竞争力下降，不利于开拓和维持海外市场；另外，税收负担过高也会影响企业的技术创新，如果减少税收，公司就能把剩下的钱投入创新研究中，这样就能推动中小企业的发展。税收水平的高低直接关系到企业的盈利能力和发展空间，对于地区经济的发展也有重要影响。

（4）教育水平（edu）：人口素质的高低对于一国的经济发展来说十分重要，通常提升一个地区的人口素质能够增强该地区经济发展的驱动力。目前大多数研究采用人口受教育程度来衡量人口素质，本书使用每十万人口高等学校平均在校人数来衡量教育水平。教育水平的高低直接关系到人才的培养和创新能力的提升，对于地区经济的发展和竞争力的提升具有重要作用。

（5）信息基础设施（tel）：数字普惠金融发挥其作用的时候，必定会受限于各地区的信息基础设施建设水平：电话（包括移动电话）的普及，大大提高了通信能力和信息获取的便捷程度,有助于各地区的连接和融入全国经济的发展。故用电话(包括移动电话)用户数除以地区总人口构建信息基础设施控制变量。信息基础设施的建设水平直接关系到地区的通信和信息交流能力,对于地区经济的发展和社会的进步具有重要意义。

4.变量汇总与说明

变量及说明如表5-1所示。

表5-1　变量说明

变量类型	变量名称	变量符号	解释说明
被解释变量	经济高质量发展	hqd	经济高质量发展指数
	创新发展	inn	经济高质量发展创新发展指数
	协调发展	har	经济高质量发展协调发展指数
	绿色发展	gre	经济高质量发展绿色发展指数
	开放发展	ope	经济高质量发展开放发展指数
	共享发展	sha	经济高质量发展共享发展指数
解释变量	数字普惠金融	dif	数字普惠金融指数/100
	覆盖广度	cov	覆盖广度指数/100
	使用深度	usa	使用深度指数/100
	数字化程度	dig	数字化程度指数/100
控制变量	经济发展水平	eco	人均GDP
	政府干预水平	gov	政府财政支出/GDP
	税收水平	tax	税收收入/GDP
	教育水平	edu	每十万人口高等学校平均在校人数
	信息基础设施	tel	电话总数/总人口数

5.3　描述性统计

有关变量的描述性统计如表5-2所示。

表5-2　描述性统计

VARIABLES	(1) N	(2) mean	(3) sd	(4) min	(5) max
hqd	310	1.904	0.165	1.467	2.295

	（1）	（2）	（3）	（4）	（5）
inn	310	1.479	0.290	1.023	2.442
har	310	2.071	0.132	1.716	2.461
gre	310	2.506	0.209	1.640	2.824
ope	310	1.230	0.245	1.002	2.175
sha	310	1.655	0.249	1.156	2.346
dif	310	2.495	0.879	0.615	4.590
cov	310	2.294	0.913	0.329	4.334
usa	310	2.438	0.936	0.518	5.107
dig	310	3.263	0.886	1.071	4.622
eco	310	4.716	0.189	4.278	5.273
gov	310	0.294	0.206	0.105	1.354
tax	310	0.0853	0.0279	0.0447	0.188
edu	310	2.703	0.822	1.133	5.534
tel	310	1.193	0.281	0.717	2.281

方差膨胀因子（Variance Inflation Factor，VIF），解释变量之间存在多重共线性时的方差比上不存在多重共线性时的方差的结果被称为方差膨胀因子，当VIF的值变大时，意味着各解释变量之间的多重共线性愈发严重。以经验判断方法可以进行判断：当 $0 < VIF < 10$，不存在多重共线性；当 $10 \leqslant VIF < 100$，存在较强的多重共线性；当 $VIF \geqslant 100$，存在严重多重共线性。对解释变量进行方差膨胀因子（VIF）检验，表5-3结果显示计算的各个变量VIF值最大为5.63，平均值为3.03，因此，可以认为各解释变量间不存在共线性问题。

表5-3 各变量的VIF值

变量	VIF
eco	5.63
tel	3.76
dif	3.00
tax	2.27
edu	2.05
gov	1.48
Mean VIF	3.03

5.4 数字普惠金融对经济高质量发展的影响

首先考察全国范围数字普惠金融整体发展对经济高质量发展的影响。在基准模型中，采用不同方法估计数字金融对经济发展质量的影响。同时报告了固定效应模型和随机效应模型的回归结果。其中Hausman检验结果显示固定效应优于随机效应，其回归结果如表5-4所示。

表5-4　基准回归结果

	FE	RE
	hqd	hqd
dif	0.0303***	0.0365***
	（0.0108）	（0.00824）
eco	0.476***	0.440***
	（0.0997）	（0.0741）
gov	0.310***	0.0544
	（0.0777）	（0.0477）
tax	−0.671***	−0.269
	（0.257）	（0.216）
edu	0.0264***	0.0324***
	（0.00944）	（0.00869）
tel	0.0954***	0.0761***
	（0.0264）	（0.0257）
_cons	−0.635	−0.436
	（0.446）	（0.320）
N	310	310
R^2	0.900	

注：*表示$p<0.1$，**表示$p<0.05$，***表示$p<0.01$，括号里的数值为估计参数的标准误。

从表中的回归结果来看，无论使用哪种模型，数字普惠金融的发展都会促进经济高质量发展，且都通过了1%显著性水平检验，与预期结果相符合。从固定效应模型来看，数字普惠金融每提高一个单位，经济高质量发展水平提升0.0303个单位。

首先，数字普惠金融的发展可以促进金融包容和普惠性。传统金融服务往往受限于地域、时间和成本等因素，无法满足广大人群的金融需求。而数字普惠金融通过数字技术的应用，可以实现金融服务的无缝连接和全天候运营，让更多的人能够方便地获得金融服务，包括农村地区、中小微企业和低收入群体等。这种金融包容性的提升，有助于推动经济的广泛参与和社会的全面发展。

其次，数字普惠金融的发展可以促进金融效率提高和创新。传统金融服务往往存在信息不对称、手续烦琐等问题，导致金融交易成本高、效率低。而数字普惠金融通过数字化和智能化的手段，可以提高金融服务的效率和便利性，降低交易成本，推动金融创新。例如，通过移动支付和电子银行等技术手段，可以实现便捷的支付和转账，促进商业活动的快速发展；通过互联网金融和区块链等技术手段，可以创造新的金融产品和服务，满足不同群体的金融需求。这种金融效率和创新的提升，有助于提高经济的生产效率和资源配置效率。

最后，数字普惠金融的发展还可以促进金融风险的控制和管理。传统金融服务往往面临着信用风险、流动性风险等各种风险挑战。而数字普惠金融通过数字化的数据收集和分析，可以更精准地评估和控制风险，提高金融系统的稳定性和安全性。例如，通过大数据和人工智能等技术手段，可以对借贷行为进行风险评估和预测，减少不良贷款的风险；通过区块链技术，可以实现交易的去中心化和透明化，提高交易的安全性和可信度。这种金融风险的控制和管理，有助于保障经济的稳定运行和可持续发展。

从控制变量可以看出，固定效应回归结果显示，经济发展水平对经济高质量发展具有一定的促进作用，且通过了1%的显著性水平检验，经济发展水平每提高一个单位，经济高质量发展水平提升0.476个单位，这意味着经济发展水平高有利于经济的高质量发展。一方面，随着经济的发展，经济的各个层面也在随之发展，经济高质量发展也在同步提高；另一方面，经济发展水平越高，地区越趋向于追求更高质量的经济发展。此外，政府干预水平对经济高质量发展具有一定的促进作用，且通过了1%的显著性水平检验，政府干预水平每提高一个单位，经济高质量发展水平提升0.310个单位。经济的高质量发展需要政府合理地调控干预，以解决市场失灵、促进公平和社会福利再分配，以及引导和支持战略性产业和重点领域的发展。只有政府与市场相互配合，形成良好的合作关系，才能实现经济的可持续发展和社会的共同繁荣。税收水平对经济高质量发展具有一定的抑制作用，且通过了1%显著性水平检验，税收水平每提高一个单位，经济高质量发展水平降低0.671个单位。这说明税收水平高，可能对中小微企业产生不利影响，从而抑制经济高质量发展。教育水平和信息基础设施都对经济高质量发展有促进作用，且在1%的水平下显著。教育是培养人才和提高劳动者技能的重要途径，通过教育的投资和改善，可以提高人口的知识水平、专业技能和创新能力。高素质的人力资源是经济发展的核心竞争力，能够推动创新、提高生产效率和质量，促进产业升级和结构优化，从而推动经济的高质量发展。同样地，信息基础设施的完善和普及可以提升经济的运行效率和市场竞争力。信息技术的发展和数字化转型为经济活动提供了更广阔的空间和更高效的手段。通过建设高速互联网网络、智能物联网设备等，可以实现信息的快速传输和共享，提高市场的透明度和效率。

5.5　数字普惠金融分维度对经济高质量发展的影响

数字普惠金融覆盖广度、使用深度、数字化程度是数字普惠金融的三个子维度，各自代表着不同的作用力。在此部分验证了三个子维度对经济高质量发展的作用，回归结果如表5-5所示。从表中可以看出，构成数字普惠金融的三个子维度指标对经济高质量发展都起到了正向作用，且都显著。从回归系数来看，覆盖广度、使用深度、数字化程度的回归系数依次递减，这说明数字普惠金融覆盖广度对经济高质量发展起到的促进作用最大。也侧面说明了数字普惠金融对经济高质量发展的推动力存在依靠电子账户数量增加提升的情况。随着电子账户数量的增加，数字普惠金融的覆盖广度得到了显著提升，从而对经济高质量发展产生了积极影响。然而，电子账户增量将逐渐进入饱和状态，随着电子账户增量的逐渐放缓，数字普惠金融的推动力将逐渐转向金融深度和数字化程度。这意味着在电子账户数量增加放缓的情况下，数字普惠金融的推动力将更多地依赖于提升使用深度和数字化程度。

现阶段，数字化程度的推动力最小，可能的原因在于，首先，数字化程度的发展需要建立稳定、安全、高效的数字基础设施，并需要培养专业人才来应对技术挑战和创新需求。在数字化程度的提升过程中，需要进行技术研发、设备更新和人员培训等工作，这需要一定的时间和资源投入。其次，数字化程度的推动需要人们对数字金融服务的接受程度和使用习惯的改变。数字化程度的提升需要人们广泛应用数字技术和数字金融服务，但在现实中，一些人可能对数字化工具和服务存在疑虑或不熟悉。此外，数字普惠金融服务的普及还需要解决数字鸿沟问题，确保所有人都能够平等地获得数字金融服务。然而，尽管数字化程度对经济高质量发展的推动力相对较小，但其潜力和重要性不容忽视。随着科技的不断进步和数字化转型的加速，数字化程度将逐渐成为数字普惠金融发展的重点和突破口。通过加强技术创新、推动数字化服务的拓展和智能化工具的应用，可以进一步提升数字化程度，提高数字普惠金融服务的效率、便利性和创新性，从而为经济的高质量发展提供更强有力的支持。因此，数字化程度也是我们国家数字普惠金融未来需要突破和提升的关键点。

表5-5　数字普惠金融分维度回归结果

	hqd	hqd	hqd
cov	0.0573*** (0.0108)		
usa		0.0128* (0.00734)	
dig			0.00511* (0.00387)
eco	0.246** (0.0992)	0.632*** (0.0700)	0.785*** (0.0521)
gov	0.238*** (0.0734)	0.386*** (0.0704)	0.457*** (0.0726)
tax	−0.590** (0.248)	−0.665** (0.264)	−0.754*** (0.257)
edu	0.0233** (0.00912)	0.0262*** (0.00953)	0.0242** (0.00958)
tel	0.0829*** (0.0256)	0.0944*** (0.0266)	0.0886*** (0.0269)
_cons	0.430 (0.450)	−1.349*** (0.307)	−2.025*** (0.231)
N	310	310	310
R^2	0.907	0.898	0.898

注：*表示 $p < 0.1$，**表示 $p < 0.05$，***表示 $p < 0.01$，括号里的数值为估计参数的标准误。

5.6　数字普惠金融对经济高质量发展各维度的影响

创新、协调、绿色、开放和共享代表着经济高质量发展不同方向的维度。从前面的研究得知，数字普惠金融对经济高质量发展的促进作用在总体上显著，但是对于经济高质量发展的五个子维度是否都是促进效应或者是否存在抑制效应导致正负效应相抵消最终总体上呈现正向效应还有待检验。本部分验证数字普惠金融对经济高质量发展五个维度的影响，回归结果如表5-6所示。回归结果显示，数字普惠金融对创新、协调、绿色、共享这四个维度发展具有正向的促进作用，且通过了显著性检验；而数字普惠金融对开放发展具有负面效应。

表5-6　经济高质量发展各维度回归结果

	创新	协调	绿色	开放	共享
	inn	har	gre	ope	sha
dif	0.0300*** (0.0206)	0.0784*** (0.0122)	0.0593** (0.0280)	−0.0679*** (0.0253)	0.0413** (0.0271)
eco	1.233*** (0.191)	−0.138 (0.112)	0.205 (0.259)	0.0400 (0.234)	1.324*** (0.250)
gov	0.267* (0.149)	0.249*** (0.0877)	0.356* (0.202)	−0.116 (0.182)	0.535*** (0.195)
tax	1.458*** (0.491)	−0.767*** (0.290)	−1.669** (0.666)	0.155 (0.601)	−1.582** (0.644)
edu	0.162*** (0.0181)	0.0309*** (0.0107)	−0.0243 (0.0245)	0.105*** (0.0221)	−0.0379 (0.0237)
tel	−0.334*** (0.0505)	0.0677** (0.0298)	0.194*** (0.0685)	0.122* (0.0619)	0.348*** (0.0663)
_cons	−4.505*** (0.854)	2.353*** (0.504)	1.264 (1.159)	0.804 (1.046)	−5.029*** (1.120)
N	310	310	310	310	310
R^2	0.755	0.814	0.583	0.189	0.870

注：*表示$p < 0.1$，**表示$p < 0.05$，***表示$p < 0.01$，括号里的数值为估计参数的标准误。

数字普惠金融可以促进创新发展。首先，数字普惠金融的发展可以创新金融产品和服务，通过促使金融机构推陈出新多元化、差异化和细分化的创新产品和服务，来满足客户多样化和个性化的需求，从而推动金融行业的发展。其次，数字普惠金融通常与金融科技紧密相连，通过应用AI、区块链、大数据等新技术，可以为金融服务带来更加高效、便捷和安全的解决方案，不仅可以改善金融服务的质量，还可以为经济创新提供技术支持和创新平台。再次，数字普惠金融可以为创新企业和创新者们提供新的融资渠道，进而推动创新项目的落地和推广。同时，数字普惠金融发展所带来的海量数据资源也为经济创新发展提供数据支持，为经济高质量发展提供了更广阔的发展空间和机遇。此外，数字普惠金融的发展为创新能力的提升提供了有力支持。数字普惠金融通过提供便捷、安全、高效的金融服务，为创新活动提供了更广泛的融资渠道和资金支持。创新是经济发展的重要驱动力，数字普惠金融的发展为创新者提供了更多的机会和资源，推动了创新能力的提升，从而促进了经济的高质量发展。数字普惠金融通过为企业提供新的融资渠道，助力企业创新，同时基于其技术属性刺激新的商业范式出现，为经济高质量发展提供了创新动力。

数字普惠金融可以促进经济的协调发展。首先，数字普惠金融的出现大大增强了金融包容性，传统金融由于门槛高和成本高的特点使得很多人群难以获取金融服务，这不仅造成经济资源的浪费，也加剧了贫富差距。数字普惠金融的出现打破了这一格局，使得更多的人群尤其是偏远地区的农村人口享受到了便捷的金融服务，这有助于扩大消费市场，促进经济协调发展。其次，数字普惠金融通过运用人工智能和数字化等技术，解决了传统金融信息不对称和服务效率低下等问题，实现金融服务的个性化和智能化，大大提高了金融服务的质量和效率，有利于经济结构的优化和协调发展。最后，数字普惠金融为长期以来缺乏资金支持的长尾金融群体提供了支持，这些客户分散在弱势地区和弱势产业，为被传统金融排斥的人提供小额信贷服务和创业机会，同时数字技术也缩小了城乡之间和区域之间原始金融发展水平的差异，让不同地区的金融服务需求者获取金融资源变得更为公平，促进各区域的协调发展。

数字普惠金融可以促进经济绿色发展。首先，数字普惠金融平台可以通过在线教育、培训等方式普及绿色金融知识，提升社会各界对于绿色发展的认识和意识。这有助于增加投资者对绿色产业的了解和信心，进而吸引更多资金流入绿色领域。其次，数字普惠金融推出的一系列绿色金融产品，如绿色基金、绿色债券等，其便捷和灵活的特性吸引了更多投资者为绿色发展做贡献。再次，数字普惠金融平台可以通过在线支付、智能合约等技术手段促进绿色消费和生产。最后，数字普惠金融作为绿色友好型的创新型金融服务方式，可以通过数字化技术和智能化工具的应用，提供更多的绿色金融产品和服务，支持和促进绿色产业的发展。数字普惠金融的发展可以为绿色经济提供融资支持、风险管理和信息服务等方面的支持，推动经济向低碳、环保的方向转型，实现可持续发展。通过建立绿色金融数据平台，引导金融资源向环境友好型企业和绿色生产生活方式倾斜，从而促进绿色发展。

数字普惠金融可以促进经济共享发展。数字普惠金融通过数字技术的应用，实现了金融服务的普及和便捷性，促进了资源的共享和合作。通过数字普惠金融，个人和企业可以更容易地获取金融服务和信息，促进了资源的共享和合作，推动了经济的共同繁荣。

回归结果显示数字普惠金融对于经济高质量发展的开放发展系数为负，可能的原因在于，首先，数字普惠金融的发展可能会导致资源的过度集中和不平衡。在数字普惠金融的推广过程中，一些地区或群体可能更容易获得金融服务，而其他地区或群体则可能面临较大的障碍。这种不平衡的资源分配可能导致开放发展的机会不均等，从而对开放发展产生负面影响。其次，数字普惠金融的发展可能会引发一些安全和风险问题。随着数字化程度的提高，数字普惠金融服务的安全性和可靠性成为关键问题。如果数字普惠金融服务存在安全漏洞或风险管理不当，可能会导致金融欺诈、个人信息泄露等问题，从而对开放发展产生负面影响。此外，数字普惠金融的发展也可能受到法律和监管的限制。在一些国家或地区，数字普惠金融的发展可能受到法律法规的限制，例如对数字支付、在线借贷等金融活动的监管规定。这些限制可能会影响数字普惠金融服务的开放程度，从而对开放发展产生负面影响。

5.7 分地区回归

由于我国各省级行政区的经济发展存在不均衡的问题，所以不同地区数字普惠金融对经济高质量发展的影响可能也存在较大差异。为了检验不同区域数字普惠金融影响经济高质量发展的差异性，按照前文的地区划分，对东、中、西、东北四地区分别进行回归，回归结果见表5-7。从结果可以看出，东部、中部、西部的数字普惠金融影响系数都为正，且通过了1%显著性水平检验；东北地区则可能是因为地区样本过少，数字普惠金融系数为正，但是不显著。从系数大小来看，数字普惠金融的影响系数从大到小依次是中部、西部、东部，说明数字普惠金融对经济高质量发展的促进作用在中西部地区比在东部地区更明显，数字金融发展对经济发展质量具有更高的边际效应。虽然东部地区数字普惠金融总体的发展水平在中西部地区之上，但由于东部地区在金融发展和数字化转型方面相对较早，可能存在一定的饱和现象。而中西部地区在数字普惠金融的发展上相对滞后，因此在数字金融发展方面有更大的提升空间，其对经济高质量发展的促进作用也更为明显。虽然东部地区数字普惠金融总体的发展水平在中西部地区之上，但由于中西部数字金融具有更高经济边际效益，因此中西部省级行政区可以通过发展数字金融及数字经济，抓住技术红利，依靠后发优势加快发展经济的脚步，缩小与东部地区的经济发展差距。

表5-7 分地区回归结果

	东部	中部	西部	东北
	hqd	hqd	hqd	hqd
dif	0.0269***	0.110***	0.0723***	0.0294
	(0.0193)	(0.0181)	(0.0209)	(0.0219)
eco	0.824***	−0.0460	0.0699	0.931***
	(0.183)	(0.150)	(0.200)	(0.283)
gov	0.870***	−0.00218	0.179*	0.639***
	(0.201)	(0.249)	(0.0969)	(0.187)
tax	−0.0282	−1.138**	−1.660***	−0.661
	(0.433)	(0.469)	(0.485)	(0.454)
edu	0.0851***	−0.0255**	−0.00411	0.000492
	(0.0139)	(0.0125)	(0.0189)	(0.0172)
tel	0.00170	0.163***	0.189***	0.00565
	(0.0320)	(0.0594)	(0.0526)	(0.0711)
_cons	−2.330***	1.831**	1.158	−2.658**
	(0.875)	(0.694)	(0.876)	(1.221)
N	100	60	120	30
R^2	0.904	0.979	0.918	0.983

注：* 表示 $p < 0.1$，** 表示 $p < 0.05$，*** 表示 $p < 0.01$，括号里的数值为估计参数的标准误。

5.8 稳健性检验

5.8.1 替换指标的度量方式

本书基准回归中，被解释变量经济高质量发展水平是由纵横向拉开档次法合成得到的，而部分学者是使用熵值法合成的经济高质量发展指标，故本书使用熵值法再次测度经济高质量发展水平，替换基准回归中的被解释变量，回归结果见表5-8第（1）列。从结果可以看出，替换被解释变量后，核心解释变量数字普惠金融指数对经济高质量发展的影响依旧是显著为正的，验证了前文结果的稳健性。

5.8.2 缩尾处理

缩尾处理是从数据角度考虑结果的稳健性，因为数据可能会存在某些极值，从而影响回归结果。因此，本书对被解释变量在1%水平上缩尾处理，再次进行回归，回归结果见表5-8第（2）列。由核心解释变量缩尾处理后稳健性检验结果可知数字普惠金融对经济高质量发展在1%水平上显著，说明数字普惠金融对经济高质量发展有明显的正向促进作用，与前文结果基本一致，通过稳健性检验。

5.8.3 分位数回归

本书继续通过条件分位数估计进行稳健性检验。条件分位数估计能够全面考察数字普惠金融对经济高质量发展不同阶段的影响程度。依次选用0.25、0.5和0.75三个分位数点进行进一步的研究。回归结果如表5-8第（3）、（4）、（5）列所示，可以看出在经济高质量发展水平不同的条件分布位置上，核心解释变量的系数均十分显著，且随着分位数的增加，核心解释变量数字普惠金融指数的系数呈现出降低的趋势。这表明，数字普惠金融在经济发展质量处于较低值的时候其影响效果最佳。即随着数字普惠金融的发展，其对经济发展质量低阶段影响较大。条件分位数的检验结果与前文得出的结论一致，这进一步说明前文的实证结果是稳健的。

表5-8　稳健性检验结果

	（1）	（2）	（3）	（4）	（5）
	hqd1	hqd	hqd	hqd	hqd
dif	0.0164*** (0.00542)	0.0303*** (0.0108)	0.0584*** (0.0116)	0.0475*** (0.0117)	0.0265*** (0.00894)
eco	0.0816 (0.0500)	0.476*** (0.0997)	0.431*** (0.0740)	0.482*** (0.0746)	0.563*** (0.0569)
gov	−0.0759* (0.0390)	0.310*** (0.0777)	−0.220*** (0.0348)	−0.148*** (0.0351)	−0.0505* (0.0267)
tax	0.379*** (0.129)	−0.671*** (0.257)	0.114 (0.319)	0.144 (0.321)	−0.0630 (0.245)
edu	0.0142*** (0.00474)	0.0264*** (0.00944)	0.0380*** (0.0103)	0.0395*** (0.0104)	0.0124 (0.00790)
tel	−0.0354*** (0.0133)	0.0954*** (0.0264)	−0.0423 (0.0406)	−0.0488 (0.0410)	0.0523* (0.0312)
_cons	0.601*** (0.224)	−0.635 (0.446)	−0.323 (0.302)	−0.506* (0.305)	−0.837*** (0.232)

	（1）	（2）	（3）	（4）	（5）
	hqd1	hqd	hqd	hqd	hqd
N	310	310	310	310	310
R^2	0.138	0.900			

注：$*$ 表示 $p < 0.1$，$**$ 表示 $p < 0.05$，$***$ 表示 $p < 0.01$，括号里的数值为估计参数的标准误。

6　基于中介效应的数字普惠金融赋能经济高质量发展路径分析

第5章已证实数字普惠金融发展对经济高质量发展有正面影响,并具有明显的地域异质性,具体表现为对中西部的促进作用更大。在理论机制部分,本书分析了数字普惠金融发展可能通过提高科技创新和传统金融这两条路径促进经济的高质量发展,为了检验前文理论中的传导途径,本章进行中介效应回归探究数字金融发展对经济高质量发展的影响路径。

6.1 模型设定

基于理论部分,本书认为数字普惠金融发展能通过提高科技创新和传统金融这两条途径推动经济高质量发展。首先,数字普惠金融通过提高科技创新,促进了经济的创新活动和技术进步。数字普惠金融利用先进的科技手段,提供了更加便捷、高效的金融服务,为创新型企业和科技领域的发展提供了更好的金融支持和保障。其次,数字普惠金融的发展也通过传统金融渠道,为经济提供了更为广泛和深入的金融服务,促进了资源的合理配置和利用,从而推动了经济高质量发展。因此,数字普惠金融不仅是经济发展的重要动力,也是实现经济高质量发展的有效途径之一。本章探究数字普惠金融影响经济高质量发展的机制分析如图6-1所示。

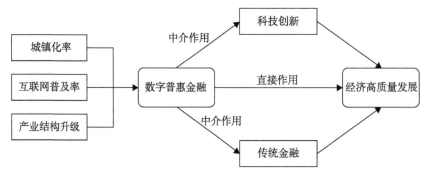

图6-1 机制分析

6.1.1 中介效应模型

为了考察科技创新和传统金融在数字普惠金融和经济高质量发展之间的中介作用，本书构建下述中介效应模型来描述变量间的关系：

$$hqd_{it} = \alpha + cdif_{it} + \beta_j \sum X_{it} + u_i + \epsilon_{it} \qquad (6-1)$$

$$M_{it} = \alpha + adif_{it} + \gamma_j \sum X_{it} + u_i + \epsilon_{it} \qquad (6-2)$$

$$hqd_{it} = \alpha + c'dif_{it} + bM_{it} + \delta_j \sum X_{it} + u_i + \epsilon_{it} \qquad (6-3)$$

其中 M 代表中介变量，在实证过程中依次将科技创新和传统金融代入。通过构建以上模型，可以深入探究科技创新和传统金融在数字普惠金融与经济高质量发展之间的作用机制，进一步了解它们对经济发展的贡献和影响。这有助于政策制定者和研究者更好地理解金融创新对经济的影响，为金融政策的制定提供科学依据。中介效应检验流程见图6-2。

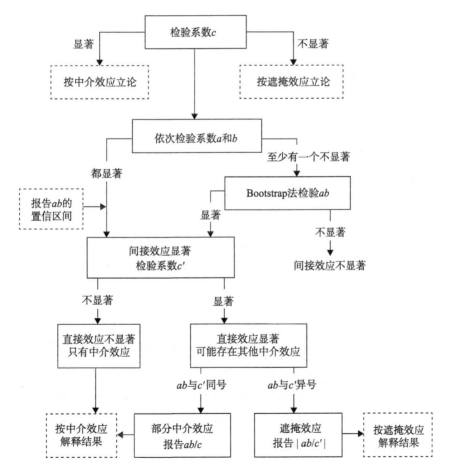

图6-2　中介效应检验流程

6.2 数据来源与处理

6.2.1 中介变量

（1）科技创新（sci）：科技创新在当前全民创新创业的倡导下，具有极其重要的推动技术进步的作用。技术的进步不仅是中国经济稳定增长的新引擎，也是提高经济质量和效益的关键因素之一。而发明专利申请授权数作为评价科技创新水平的指标之一，具有很强的代表性和客观性。它反映了国家在科技领域的研究投入和创新成果，可以直观地显示出一个国家或地区的创新活力和创新能力。较高的发明专利申请授权数通常意味着该国或地区的科技创新水平较高，技术实力较为雄厚。因此，作为科技创新水平的评价指标之一，发明专利申请授权数具有一定的科学性和可操作性。通过对发明专利申请授权数的评价，可以更好地了解中国科技创新的现状和趋势，为科技政策的制定和科技发展的规划提供重要参考。同时，科技创新对经济的发展和社会的进步具有重要的推动作用，因此科技创新水平的提升对于实现经济高质量发展和全面建设社会主义现代化国家具有十分重要的意义。为了客观地反映中国科技创新的活跃度和成果产出，以及科技创新水平的提升情况，本文选取了发明专利申请授权数作为评价指标。

（2）传统金融（dal）：数字普惠金融的发展为传统金融领域注入了新的活力，成为传统金融的有力补充。相对于传统银行难以覆盖的小微企业贷款业务，数字普惠金融凭借自身的科技属性，能够实现快速识别和高效办理。金融机构贷款余额与GDP的比值是一个重要的评价指标，它能够反映出传统金融在经济发展中的贡献程度，以及金融机构对经济活动的支持力度。较高的贷款余额与GDP比值通常意味着金融机构向实体经济提供了更多的融资支持，有利于推动企业的发展和经济的增长。这一指标的变化趋势可以反映出金融体系的发展水平和金融对实体经济的服务能力。通过对金融机构贷款余额与GDP的比值进行评价，可以更好地了解传统金融在经济发展中的地位和作用，为金融政策的制定和金融改革的推进提供参考依据。同时，传统金融的健康发展对于维护金融稳定、促进经济增长和实现社会全面进步具有重要意义。因此，金融机构贷款余额与GDP的比值作为评价传统金融发展状况的指标，具有一定的科学性和实用性。

6.2.2 变量汇总及说明

变量及说明如表6-1所示。

表6-1 变量说明

变量类型	变量名称	变量符号	变量说明
中介变量	科技创新	sci	发明专利申请授权量
	传统金融	dal	金融机构贷款余额/GDP

6.3 中介路径检验

6.3.1 基于科技创新的中介路径检验

基于6.1.1小节中的中介效应检验流程，本书考察数字普惠金融发展对经济高质量发展的作用。结果如表6-2所示，第（1）列是不考虑中介途径下数字普惠金融发展对经济高质量发展的回归，第（2）列是考察数字金融发展对科技创新的作用，第（3）列考察了科技创新在数字金融发展对经济高质量发展影响中的中介渠道作用。

表6-2 科技创新中介效应回归结果

	（1）	（2）	（3）
	hqd	sci	hqd
dif	0.0303***	0.434***	0.0172
	(0.0108)	(0.0697)	(0.0113)
sci			0.0302***
			(0.00921)
eco	0.476***	0.965	0.447***
	(0.0997)	(0.643)	(0.0983)
gov	0.310***	−0.778	0.334***
	(0.0777)	(0.502)	(0.0767)
tax	−0.671***	1.282	−0.710***
	(0.257)	(1.657)	(0.252)
edu	0.0264***	0.124**	0.0227**
	(0.00944)	(0.0610)	(0.00935)
tel	0.0954***	−0.751***	0.118***
	(0.0264)	(0.170)	(0.0269)

	（1）	（2）	（3）
	hqd	sci	hqd
_cons	−0.635 （0.446）	3.256 （2.882）	−0.733[*] （0.440）
N	310	310	310
R^2	0.900	0.829	0.904

注：* 表示 $p < 0.1$，** 表示 $p < 0.05$，*** 表示 $p < 0.01$，括号里的数值为估计参数的标准误。

从结果可以看出，第（2）列的回归结果说明数字普惠金融发展显著提升了科技创新，并且这种影响在统计上是显著的，通过了1%的显著性水平检验。第（3）列的回归结果说明科技创新的提升对经济高质量发展有积极作用，科技创新作为数字普惠金融发展影响经济高质量发展的部分中介效应确实存在，中介比例为 $|(0.434 \times 0.0302)/0.0303| = 43.3\%$。科学技术作为经济社会发展的必要前提，在经济高质量发展中发挥着至关重要的作用。随着我国推行"大众创新、万众创业"政策，科技创新投入和产出都取得了突破性的进展。科技创新的成果不仅惠及了经济发展的各个方面，还推动了我国经济向更高水平的发展。这些结果进一步证明了科技创新在经济高质量发展中的不可替代地位和作用，为未来的科技创新政策和发展提供了重要的参考依据。科技创新的不断推进将为我国经济的可持续发展和全面现代化建设提供强大动力，为推动创新驱动发展战略落地生根、推进产业结构优化升级、提高经济增长质量和效益提供了重要支撑。

6.3.2　传统金融中介路径检验

继续检验数字普惠金融提高传统金融水平的中介路径，结果如表6-3所示，第（1）列是不考虑中介途径下数字普惠金融发展对经济高质量发展的回归，第（2）列是考察数字金融发展对传统金融发展的作用，第（3）列考察了传统金融发展在数字金融发展对经济高质量发展影响中的中介渠道作用。

表6-3　传统金融中介效应回归结果

	（1）	（2）	（3）
	hqd	dal	hqd
dif	0.0303*** （0.0108）	0.238*** （0.0515）	0.0252** （0.0112）

	（1）	（2）	（3）
	hqd	dal	hqd
dal			0.0213*
			（0.0126）
eco	0.476***	−0.310	0.482***
	（0.0997）	（0.475）	（0.0994）
gov	0.310***	1.391***	0.281***
	（0.0777）	（0.371）	（0.0794）
tax	−0.671***	0.647	−0.685***
	（0.257）	（1.224）	（0.256）
edu	0.0264***	0.0510	0.0253***
	（0.00944）	（0.0450）	（0.00944）
tel	0.0954***	−0.0269	0.0960***
	（0.0264）	（0.126）	（0.0263）
_cons	−0.635	1.826	−0.674
	（0.446）	（2.129）	（0.445）
N	310	310	310
R^2	0.900	0.605	0.901

注：*表示$p < 0.1$，**表示$p < 0.05$，***表示$p < 0.01$，括号里的数值为估计参数的标准误。

从结果可以看出，第（2）列的回归结果说明数字普惠金融发展显著提升了传统金融发展水平，并且通过了1%的显著性水平检验。第（3）列的回归结果说明传统金融的提升对经济高质量发展有积极作用，传统金融作为数字普惠金融发展影响经济高质量发展的部分中介效应确实存在，中介比例为 | （0.238 × 0.0213）/0.0303 | =16.7%。这意味着传统金融在数字普惠金融对经济高质量发展产生影响的过程中扮演了桥梁的角色。数字普惠金融的发展推动了传统金融的协调发展，进一步促进了经济的高质量发展。这表明数字普惠金融与传统金融之间存在着相互促进的关系，二者共同推动了经济朝着更高质量的方向发展。尽管数字普惠金融取得了显著进展，但仍需继续发展传统金融，以维护金融体系的稳定性和完整性，更好地支持经济高质量发展的实现。这种相互补充与促进的关系有助于建立更加健康、完善的金融生态系统，为经济的持续稳定增长提供坚实的支撑。

7 基于门槛效应的数字普惠金融赋能 经济高质量发展路径分析

基于理论部分，本书认为数字普惠金融发展能通过提高科技创新和传统金融这两条途径推动经济高质量发展。随着信息技术的飞速发展，数字普惠金融应运而生，并在全球范围内迅速推广。作为一种新型金融服务模式，数字普惠金融通过提高金融服务覆盖范围、降低金融服务成本，为小微企业、农村地区和贫困人群提供了更加便捷、高效的金融服务。在我国，数字普惠金融的发展已经成为支持实体经济、推动经济高质量发展的重要手段。

数字普惠金融通过提高金融服务效率、降低金融服务成本，有助于缓解金融排斥现象，使金融服务更加普及。这将进一步激发市场活力，推动经济增长。同时，数字普惠金融可以有效缓解信息不对称问题，降低企业融资成本，提高金融服务实体经济的能力。此外，数字普惠金融还能为政府提供更加精准、实时的经济数据，有助于政策制定和实施。

城镇化率是衡量一个国家或地区城市化水平的重要指标。在数字普惠金融发展对经济高质量发展的影响中，城镇化率具有重要的门槛调节作用。当城镇化率超过一定阈值时，数字普惠金融发展对经济高质量发展的推动作用将更加显著。城镇化率较高的地区，人口密度更大、市场需求和产业集聚效应更强，有利于数字普惠金融的发展和科技创新的推广。

互联网普及率是衡量一个国家或地区网络基础设施完善程度的重要指标。在数字普惠金融发展对经济高质量发展的影响中，互联网普及率同样具有重要的门槛调节作用。当互联网普及率超过一定阈值时，数字普惠金融发展对经济高质量发展的推动作用将更加显著。互联网普及率较高的地区，数字技术的应用和传播更加广泛，有利于数字普惠金融的发展和科技创新的推广。

产业结构升级是经济高质量发展的重要特征。在数字普惠金融发展对经济高质量发展的影响中，产业结构升级同样具有重要的门槛调节作用。当产业结构升级达到一定水平时，数字普惠金融发展对经济高质量发展的推动作用将更加显著。产业结构级别较高的地区，新兴产业的发展和创新能力较强，有利于数字普惠金融的发展和科技创新的推广。数字普惠金融发展可以促进金融与科技的深度融合，为科技创新提供更加便捷、低成本的金融服务。这将有助于推动科技创新成果的转化应用，促进新兴产业的发展，进而推动经济高质量发展。

基于此，本章从理论上探讨数字普惠金融发展对经济高质量发展的影响，以及城镇化率、互联网普及率和产业结构升级在其中的门槛调节作用。本章探究数字普惠金融影响经济高质量发展的机制分析如图7-1所示。

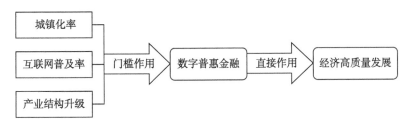

图 7-1　机制分析

7.1　门槛效应模型

门槛效应，通常是指当一个变量的某个参数在达到一个数值的时候，会引起另外一个参数转变原有形式的现象，同时这一数值也被称为门槛值或门限值。若从长远来看两个变量之间的关系是非线性的，但是将时间段进行分割后发现每一个时间段中两个变量的关系都是线性关系，这时我们就称这种模型为门槛效应模型。门槛效应模型是一种用于探讨自变量对因变量的影响是否存在阈值或门槛值的模型。在现实生活中，许多现象的变动并不是线性的，而是呈现出非线性特征。门槛效应模型正是为了捕捉这种非线性关系而设计的。通过设定一个或多个门槛值，门槛效应模型能够分析自变量在不同的阈值范围内对因变量的影响程度，从而更加精确地描述变量之间的内在联系。如果模型研究的对象是面板数据，那么就是面板门槛回归模型。

门槛效应模型在经济学、社会学、心理学等领域具有广泛的应用。在经济学中，门槛效应模型可以用来研究金融市场干预政策的有效性，分析在不同市场条件下政策对市场的影响；在社会学中，门槛效应模型可以用来研究社会政策对犯罪率的影响，探讨犯罪行为的社会经济因素；在心理学中，门槛效应模型可以用来分析心理干预对心理健康的影响，研究干预的时机和强度对效果的影响。

为了验证城镇化率、互联网普及率和产业结构升级在数字普惠金融影响经济高质量中可能存在的门槛效应，建立如下门槛效应模型：

$$hqd_{it} = \theta_0 + \theta_1 dif_{it} I\left(th_{it} \leq \sigma\right) + \theta_2 dif_{it} I\left(th_{it} > \sigma\right) + \theta_j \sum X_{it} + u_i + \epsilon_{it} \qquad (7\text{-}1)$$

其中 hqd 是被解释变量，dif 是核心解释变量，th 是门槛变量，σ 是门槛值，X 代表控制变量，$I(*)$ 代表指标函数。

7.2　门槛变量

门槛变量的选择可由理论模型外生决定，汉森指出，由于门槛回归方法是通过对门槛变量进行排序后进行模型估计的，如果门槛变量含有较强的时间趋势，就会将这种趋势带入模型中，趋势的存在将改变似然分布检验的结果，更重要的是，在这种情况下置信区间无法构建，问题无法解决。因此，在选择门槛变量时应尽量避免带有趋势的绝对指标，而选择相对指标。

（1）城镇化率（urb）：数字普惠金融的发展，使普惠金融的覆盖面更加广阔，尤其是在城市化水平相对较低的区域，过去由于金融基础设施不健全而无法享受到传统金融服务的人群，将会因为普惠金融的发展而获益，这些群体在得到金融支持后，会有更多的创新行为，资本和劳动报酬会得到提升，从而带动收入的增长。随着数字普惠金融的发展，这些人群将有望打破金融服务的壁垒，实现金融资源的均衡分配，让过去无法享受到传统金融服务的人群得到金融支持。在这些群体中，许多人具备创新精神和创业潜能，但缺乏必要的资金支持。如今，他们得以借助数字普惠金融服务，将创新理念转化为实际成果。这不仅有助于提高他们的收入水平，还能激发更多的创新行为。数字普惠金融还能促进就业，提高劳动参与率，进一步推动经济增长。因此，本文选择城镇化率为门槛变量，检验数字普惠金融在不同城镇化程度下对经济高质量发展的作用。

（2）互联网普及率（net）：在数字经济时代，互联网的出现使金融资源的共享成为可能。互联网技术为数字普惠金融的发展提供了发展契机，借助互联网信息技术的优势，数字普惠金融拓宽了服务领域。互联网技术为数字普惠金融的发展提供了广阔的发展空间。在传统金融模式下，金融服务往往受到时间和地点的限制，而互联网的出现打破了这些限制。通过互联网，金融机构可以将服务拓展到全国各地，甚至是全球范围，使更多的人能够接触到金融服务。借助互联网平台，金融机构可以实现线上申请、审批、放款等流程，大大缩短了金融服务的时间。同时，互联网技术还可以实现大数据分析、人工智能等先进技术的应用，提高金融服务的精准度和有效性。在传统金融模式下，金融服务往往需要较高的起点金额和复杂的手续，而互联网金融平台则可以提供小额、分散的金融服务，使更多的人能够获得融资支持。借助互联网技术的优势，数字普惠金融能够拓宽服务领域，提高金融服务效率，降低金融服务门槛，使更多的人能够享受到便捷、公正的金融服务。因此选择互联网普及率作为门槛变量，检验数字普惠金融在不同互联网普及率下对经济高质量发展的作用。

（3）产业结构升级（ind）：一个国家产业结构的现状及优化能力是经济发展的重要影响因素，其中我国工业经济向服务行业的迈进，是产业结构升级的重要一环，经济服务业的蓬勃发展是产业结构升级变化的必由之路。服务业的蓬勃发展，不仅为我国经济增长注入了新活力，也为就业、创新等方面提供了广阔的空间。随着我国经济发展水平的不断提高，人民生活需求日益丰富，服务业的比重逐渐上升，已成为拉动我国经济增长的新引擎。在此背景下，我国政府高度重视产业结构调整，积极推动工业经济向服务经济转型，以实现产业结构的优化升级。一方面，服务业具有较高的附加值和较好的经济效益，可以提高整个产业链的产值。另一方面，服务业的发展有助于促进我国经济转型升级，实现高质量发展。在此过程中，我国政府采取了一系列政策措施，如加大对服务业的投入、优化服务业发展环境、推动产业融合等，以加快产业结构调整步伐。本书中产业结构升级的衡量使用的是第二产业和第三产业总和在GDP中的比重。

7.2.1 变量汇总及说明

变量说明如表7-1所示。

表7-1 变量说明

变量类型	变量名称	变量符号	变量说明
门槛变量	城镇化率	urb	城镇人口/总共人口
	互联网普及率	net	上网人数/总人数
	产业结构升级	ind	二、三产业值和/GDP

7.3 门槛效应分析

从本书中介效应实证结果可以看到，全国层面上的回归结果显示，数字普惠金融发展影响经济高质量发展通过提高科技创新水平和提高传统金融发展这两条中介路径均得到验证。结合第5章中数字普惠金融发展对经济高质量发展在东部和中西部表现出来的异质性，进一步考虑数字金融对经济高质量发展的作用可能存在非线性关系，因此本章考虑了门槛变量对数字普惠金融影响经济高质量发展的调节作用。

本节采用 Hansen 提出的面板门槛回归模型，分别以城镇化率、互联网普及率和产业结构升级为门槛变量，分析数字普惠金融发展对经济高质量发展的非线性影响。将城镇化率作为门槛变量，反映城乡发展差距对经济高质量的影响。随着城镇化进程的推进，数字普惠金融的发展有助于缩小城乡发展差距，提高农村地区金融服务水平，促进农业现代化和农民收入增长。此外，城镇化还有助于提高城市首位度，吸引人才和资源，推动产业结构升级，进而促进经济高质量的发展。将互联网普及率作为门槛变量，体现了信息技术的广泛应用对经济高质量发展的影响。在互联网普及率较高的地区，数字普惠金融发展能够更好地发挥信息技术的优势，提高金融服务效率，降低金融门槛，使更多小微企业和个人获得便捷、高效的金融服务。此外，互联网金融创新还能激发创业活力，促进线上线下融合发展，为经济高质量发展提供强大动力。将产业结构升级作为门槛变量，揭示了产业转型升级对经济高质量发展的影响。数字普惠金融发展有助于推动产业结构升级，提高产业链水平，促进新兴产业培育和发展。同时，数字普惠金融还能有效支持传统产业改造升级，实现产业链条优化，提高经济整体竞争力。

在门槛模型中，首先要确定潜在的门槛值，通过栅栏搜索法不断尝试候选门槛值 σ，以最小残差平方值为标准确定门槛值，同时对门槛值进行显著性检验。栅栏搜索法是一种常用的确定门槛值的方法。该方法通过不断尝试候选门槛值 σ，以最小残差平方值为标准来确定最终的门槛值。具体而言，首先设定一个较宽的搜索范围，包括可能的门槛值及其周边区域。然后，在这个范围内，逐一尝试不同的门槛值，计算对应的残差平方和。通过比较这些残差平方和，可以找到使残差平方和最小的门槛值，即为所求的门槛值。

7.3.1 基于城镇化率的门槛效应分析

检验数字普惠金融对经济高质量发展的影响是否受城镇化率的制约，首先需要判断以城镇化率为门槛变量时，是否存在门槛特征以及门槛值是否显著，门槛显著性检验结果如表7-2所示。

表7-2 城镇化率的门槛显著性检验结果

模型	Fstat	Prob	Crit10	Crit5	Crit1
单重门槛	105.15	0.0000	30.2894	36.8811	46.4097
双重门槛	31.22	0.0633	24.3181	33.1077	48.4545
三重门槛	26.25	0.3933	51.9375	91.6633	120.6576

从门槛显著性检验结果来看，以城镇化率为门槛变量时通过了单一门槛下1%显著性检验和双重门槛下10%显著性检验，三重门槛值的F统计量没有通过显著性检验。因此，能够进行初步判断并得出结论，以城镇化率为门槛变量时，数字普惠金融与经济高质量发展之间存在双重门槛效应。当城镇化率处于较低水平时，数字普惠金融对于经济发展的促进作用较弱。在此阶段，城镇化进程相对缓慢，基础设施建设和产业发展滞后，导致数字普惠金融的发展空间有限。农村地区的金融需求和消费能力较低，使得数字普惠金融难以发挥出应有的作用。当城镇化率达到一定水平时，数字普惠金融对于经济发展的促进作用逐渐增强。随着城镇化进程的加快，基础设施和产业体系不断完善，为数字普惠金融提供了广阔的市场空间。在此阶段，数字普惠金融能够有效降低金融服务成本，提高金融服务效率，助力企业融资和居民消费，从而推动经济发展。当城镇化率达到较高水平时，数字普惠金融对于经济发展的影响再次减弱。这是因为城镇化进程进入成熟阶段，城市人口密度和产业结构趋于稳定，数字普惠金融的边际效益逐渐降低。

进一步地，采用LR图对门槛值和置信区间进行识别，如图7-2所示。表7-3显示了以城镇化率为门槛变量时，估计出的双重门槛值及95%的置信区间。

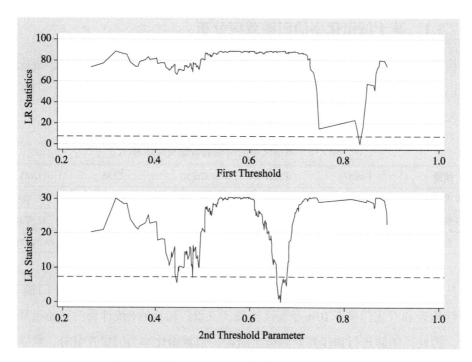

图 7-2　城镇化率的双重门槛估计值及其置信区间

表7-3　城镇化率的双重门槛值

模型	门槛值	置信区间
TH-21	0.6646	[0.6598, 0.6646]
TH-22	0.8330	[0.8390, 0.8355]

　　进行双重门槛回归，实证结果如表7-4所示。从结果可以看出，当城镇化率低于66.46%时，数字普惠金融对经济高质量发展的推动作用不显著；当城镇化率高于66.46%而低于88.30%时，数字普惠金融对经济高质量发展的促进作用为0.0499；当城镇化率高于88.30%时，其促进作用进一步提高为0.0627。随着城镇化率的提升，数字普惠金融对于经济高质量发展的促进作用有了进一步的提升，表现为加速门槛的效应。

表7-4　城镇化率双重门槛回归结果

	（1）
	hqd
dif*I（urb ≤ 0.6646）	0.0112 （0.00924）

续　表

	（1）
	hqd
dif*I（0.6646<urb≤0.8330）	0.0499***
	（0.00949）
dif*I（urb>0.8830）	0.0627***
	（0.00953）
	（0.0854）
gov	0.260***
	（0.0653）
tax	−1.112***
	（0.219）
edu	0.00122
	（0.00825）
tel	0.0871***
	（0.0231）
_cons	0.156
	（0.384）
N	310
R²	0.930

注：*表示 $p<0.1$，**表示 $p<0.05$，***表示 $p<0.01$，括号里的数值为估计参数的标准误。

接着分析数字普惠金融一级指标对经济高质量发展的影响是否受城镇化率的制约，回归结果见表7-5。从结果可以看出，在城镇化率越过66.46%和88.30%这两个门槛时，数字普惠金融覆盖广度和使用深度均对经济高质量发展起推动作用，且表现为加速门槛效应。而数字普惠金融数字化程度在城镇化率低于66.46%时，对经济高质量发展起抑制作用；在超过66.46%但低于88.30%时，抑制效果减弱；在城镇化率大于88.30%时，呈现促进作用，所以也表现为加速门槛效应。

表7-5　数字普惠金融分维度双重门槛回归结果

	（1）cov	（2）usa	（3）dig
	hqd	hqd	hqd
th*I（urb≤0.6646）	0.0261***	−0.00988	−0.0338***
	（0.00948）	（0.00668）	（0.00501）
th*I（0.6646<urb≤0.8330）	0.0652***	0.0251***	−0.00759*
	（0.00925）	（0.00670）	（0.00397）
th*I（urb>0.8830）	0.0782***	0.0375***	0.00159
	（0.00920）	（0.00670）	（0.00358）

	（1）cov	（2）usa	（3）dig
	hqd	hqd	hqd
eco	0.183**	0.552***	0.826***
	(0.0829)	(0.0610)	(0.0480)
gov	0.236***	0.384***	0.472***
	(0.0609)	(0.0600)	(0.0654)
tax	−1.088***	−1.046***	−1.129***
	(0.211)	(0.228)	(0.236)
edu	−0.00178	0.00406	0.00280
	(0.00791)	(0.00842)	(0.00901)
tel	0.0683***	0.0793***	0.0900***
	(0.0223)	(0.0239)	(0.0249)
_cons	0.828**	−0.902***	−2.138***
	(0.377)	(0.268)	(0.211)
N	310	310	310
R^2	0.936	0.927	0.918

注：*表示$p < 0.1$，**表示$p < 0.05$，***表示$p < 0.01$，括号里的数值为估计参数的标准误。

7.3.2　基于互联网普及率的门槛效应分析

接着检验数字普惠金融对经济高质量发展的影响是否受互联网普及率的制约，进行门槛值显著性检验，结果见表7-6。

表7-6　互联网普及率的门槛显著性检验结果

模型	Fstat	Prob	Crit10	Crit5	Crit1
单重门槛	24.12	0.0433	18.6508	23.6520	30.6169
双重门槛	17.12	0.0900	16.6100	20.1717	27.3674
三重门槛	7.11	0.7667	17.5259	20.0811	30.9613

从门槛显著性检验结果来看，以互联网普及率为门槛变量时通过了单一门槛下5%显著性检验和双重门槛下10%显著性检验，三重门槛值的F统计量没有通过显著性检验。因此，能够进行初步判断并得出结论，以互联网普及率为门槛变量时，数字普惠金融与经济高质量发展之间存在双重门槛效应。意味着在互联网普及率达到一定程度后，数字普惠金融对经济高质量发展的推动作用才会显现。换句话说，互联网普及率是影响数字普惠金融与经济高质量发展关系的关键因素。根据相关数

据，我国互联网普及率已超过60%，这为数字普惠金融的发展提供了广阔的市场基础。在此背景下，数字普惠金融对经济发展的积极作用逐渐凸显。

双重门槛效应的成因主要有以下几点：一是数字普惠金融的发展需要较强的互联网基础设施支持。在我国，互联网基础设施建设的不断完善为数字普惠金融提供了有力保障。二是数字普惠金融的推广需要一定的用户接受度。随着互联网普及，越来越多的消费者开始接受并使用数字金融服务，这为数字普惠金融的发展奠定了基础。三是政策因素的影响。政府对数字普惠金融的重视和支持，为行业发展创造了有利条件。

进一步地，采用LR图对门槛值和置信区间进行识别，如图7-3所示。表7-7显示了以互联网普及率为门槛变量时，估计出的双重门槛值及95%的置信区间。

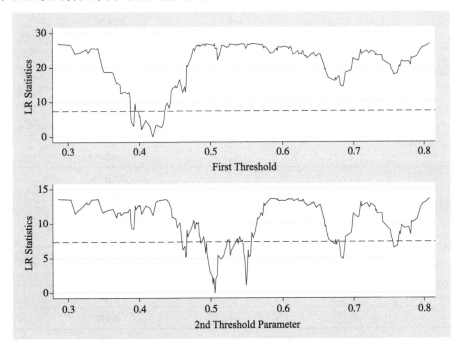

图 7-3 互联网普及率的双重门槛估计值及其置信区间

表 7-7 互联网普及率的双重门槛值

模型	门槛值	置信区间
TH-21	0.4190	[0.4060, 0.4230]
TH-22	0.5060	[0.4980, 0.4070]

进行双重门槛回归，实证结果如表7-8所示。从结果可以看出，当互联网普及率低于41.90%时，数字普惠金融对经济高质量发展的推动作用不显著；当互联网普

及率高于41.90%而低于50.60%时，数字普惠金融对经济高质量发展的促进作用为0.0318；当互联网普及率高于50.60%时，其促进作用进一步提高为0.0428。随着互联网普及率的提升，数字普惠金融对于经济高质量发展的促进作用有了进一步的提升，表现为加速门槛的效应。

表7-8　互联网普及率的双重门槛回归结果

	（1）
	hqd
dif*I（net ≤ 0.4190）	0.00997 （0.0107）
dif*I（0.4190<net ≤ 0.5060）	0.0318*** （0.0105）
dif*I（net>0.5060）	0.0428*** （0.0104）
eco	0.320*** （0.0972）
gov	0.197*** （0.0755）
tax	−0.482** （0.243）
edu	0.0268*** （0.00887）
tel	0.0459* （0.0262）
_cons	0.154 （0.439）
N	310
R^2	0.912

注：* 表示 $p < 0.1$，** 表示 $p < 0.05$，*** 表示 $p < 0.01$，括号里的数值为估计参数的标准误。

接着分析数字普惠金融一级指标对经济高质量发展的影响是否受互联网普及率的制约，回归结果见表7-9。从结果可以看出，在互联网普及率越过41.90%和50.60%这两个门槛时，数字普惠金融覆盖广度和使用深度均对经济高质量发展起推动作用，且表现为加速门槛效应。而数字普惠金融数字化程度在互联网普及率低于41.90%，对经济高质量发展起抑制作用；在超过41.90%但低于50.60%时，抑制效果减弱但不显著；在互联网普及率大于50.60%时，呈现促进作用。整体上，随着互联网普及率的提高，数字普惠金融不同维度对于经济高质量发展的促进作用有了进一步的提升，表现出加速门槛的效应。

表7-9　数字普惠金融分维度双重门槛回归结果

	(1)	(2)	(3)
	hqd	hqd	hqd
th*I (net ≤ 0.4190)	0.0322***	−0.0157*	−0.0118***
	(0.0108)	(0.00892)	(0.00398)
th*I (0.4190<net ≤ 0.5060)	0.0607***	0.00573*	−0.000903
	(0.0107)	(0.00751)	(0.00379)
th*I (net>0.5060)	0.0707***	0.0164**	0.00626*
	(0.0104)	(0.00706)	(0.00425)
eco	0.0919	0.544***	0.654***
	(0.0959)	(0.0691)	(0.0548)
gov	0.127*	0.309***	0.370***
	(0.0705)	(0.0691)	(0.0711)
tax	−0.377	−0.610**	−0.607**
	(0.233)	(0.253)	(0.246)
edu	0.0223***	0.0253***	0.0204**
	(0.00849)	(0.00912)	(0.00915)
tel	0.0353	0.0500*	0.0521**
	(0.0250)	(0.0270)	(0.0264)
_cons	1.211***	−0.859***	−1.359***
	(0.438)	(0.308)	(0.249)
N	310	310	310
R^2	0.920	0.907	0.908

注：*表示 $p<0.1$，**表示 $p<0.05$，***表示 $p<0.01$，括号里的数值为估计参数的标准误。

7.3.3　基于产业结构升级的门槛效应分析

最后检验数字普惠金融对经济高质量发展的影响是否受产业结构升级的制约，进行门槛值显著性检验，结果见表7-10。

表7-10　产业结构升级的门槛显著性检验

模型	Fstat	Prob	Crit10	Crit5	Crit1
单重门槛	86.43	0.0000	31.4987	34.8654	46.4429
双重门槛	42.69	0.0200	30.0067	36.6890	49.5444
三重门槛	13.89	0.5400	36.5532	44.6329	60.9136

从门槛显著性检验结果来看，以产业结构升级为门槛变量时通过了单一门槛下1%显著性检验和双重门槛下5%显著性检验，三重门槛值的F统计量没有通过显著性检验。因此，能够进行初步判断并得出结论，以产业结构升级为门槛变量时，数字普惠金融与经济高质量发展之间存在双重门槛效应。数字普惠金融的发展有助于推动产业结构升级。随着科技水平的不断提高，数字经济成为我国经济发展的新引擎。数字普惠金融作为一种新型金融服务模式，通过大数据、云计算、人工智能等先进技术，能够更好地满足中小微企业的融资需求，降低融资成本，促进创新能力的提升。在此基础上，产业结构升级得以加速，传统产业向高技术、高附加值产业转型，从而提高整体经济质量。产业结构升级为数字普惠金融提供了广阔的发展空间。随着我国经济水平的不断提高，消费需求逐渐升级，这为数字普惠金融提供了丰富的业务场景。例如，在供应链金融、消费金融等领域，数字普惠金融可以充分发挥其优势，为广大消费者和企业提供更加便捷、高效的金融服务。

进一步地，采用LR图对门槛值和置信区间进行识别，如图7-4所示。表7-11显示了以产业结构升级为门槛变量时，估计出的双重门槛值及95%的置信区间。

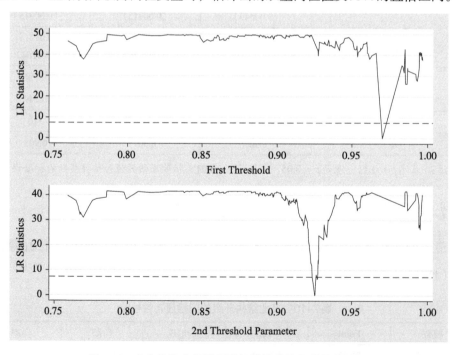

图7-4　产业结构升级的双重门槛估计值及其置信区间

表7-11　产业结构升级的双重门槛值

模型	门槛值	置信区间
TH-21	0.9253	[0.9238, 0.9256]
TH-22	0.9701	[0.9666, 0.9830]

进行双重门槛回归，实证结果如表7-12所示。从结果可以看出，当产业结构升级低于92.53%时，数字普惠金融对经济高质量发展的推动作用不显著；当产业结构升级高于92.53%而低于97.01%时，数字普惠金融对经济高质量发展的促进作用为0.0493；当产业结构升级高于97.01%时，其促进作用进一步提高为0.0676。随着产业结构升级的提升，数字普惠金融对于经济高质量发展的促进作用有了进一步的提升，表现为加速门槛的效应。

表7-12　产业结构升级的双重门槛回归结果

	(1)
	hqd
dif*I(ind ≤ 0.9253)	0.00399 (0.00970)
dif*I(0.9253<ind ≤ 0.9701)	0.0493*** (0.00945)
dif*I(0.9701<ind)	0.0676*** (0.00964)
eco	0.306*** (0.0847)
gov	0.260*** (0.0650)
tax	−0.828*** (0.218)
edu	0.00659 (0.00821)
tel	0.0780*** (0.0227)
_cons	0.204 (0.381)
N	310
R^2	0.931

注：* 表示 $p < 0.1$，** 表示 $p < 0.05$，*** 表示 $p < 0.01$，括号里的数值为估计参数的标准误。

接着分析数字普惠金融一级指标对经济高质量发展的影响是否受产业结构升级的制约，回归结果见表7-13。从结果可以看出，在产业结构升级越过92.53%和97.01%这两个门槛时，数字普惠金融覆盖广度和使用深度均对经济高质量发展起推动作用，且表现为加速门槛效应。而数字普惠金融数字化程度在产业结构升级低于92.53%时，对经济高质量发展的促进作用不显著；在超过92.53%%但低于97.01%时，数字化程度对经济高质量发展起抑制作用；在产业结构升级大于97.01%时，抑制效果加剧。整体上，随着产业结构升级的提升，数字普惠金融的覆盖广度和使用深度对于经济高质量发展的促进作用有了进一步的提升，表现出加速门槛的效应，而数字普惠金融数字化程度则是对经济高质量发展的促进作用在削弱，表现为下降门槛的效应。

表7-13 数字普惠金融分维度双重门槛回归结果

	（1）	（2）	（3）
	hqd	hqd	hqd
0._cat#c.cov	0.0192* （0.0101）	−0.0154** （0.00716）	0.00357 （0.00374）
1._cat#c.cov	0.0633*** （0.00918）	0.0224*** （0.00670）	−0.0106** （0.00450）
2._cat#c.cov	0.0818*** （0.00927）	0.0424*** （0.00677）	−0.0363*** （0.00610）
eco	0.179** （0.0823）	0.542*** （0.0598）	0.829*** （0.0486）
gov	0.237*** （0.0607）	0.382*** （0.0592）	0.475*** （0.0667）
tax	−0.764*** （0.209）	−0.766*** （0.227）	−0.853*** （0.238）
edu	0.00288 （0.00788）	0.00955 （0.00829）	0.00728 （0.00913）
tel	0.0606*** （0.0219）	0.0676*** （0.0233）	0.0768*** （0.0252）
_cons	0.813** （0.374）	−0.879*** （0.263）	−2.172*** （0.214）
N	310	310	310
R^2	0.936	0.928	0.914

注：*表示$p<0.1$，**表示$p<0.05$，***表示$p<0.01$，括号里的数值为估计参数的标准误。

数字普惠金融通过提供便捷、高效的金融服务，助力小微企业、农村地区和低收入人群等传统金融服务的盲区，实现金融资源更公平分配，从而推动经济增长和社会进步。一方面，数字普惠金融的覆盖广度不断提高，使得越来越多的人能够接触到金融服务。互联网技术的应用使得金融服务不再受地域、时间的限制，只要有网络连接，人们就可以轻松办理存款、贷款、支付、投资等金融业务。这不仅提高了金融服务的可及性，也使更多的人能够享受到金融发展的成果。另一方面，数字普惠金融的使用深度也在不断拓展。通过大数据、人工智能等技术手段，金融机构能够更加精准地把握客户的金融需求，提供个性化的金融产品和服务。同时，数字普惠金融还能够有效降低金融风险，提高金融服务的效率。例如，通过大数据分析，金融机构可以对客户的信用状况进行更加准确的评估，从而降低贷款风险；通过智能投顾系统，可以为投资者提供专业的投资建议，提高投资收益。

数字普惠金融数字化程度对经济高质量发展的促进作用在削弱，表现为下降门槛的效应。一方面，数字普惠金融在发展过程中也暴露出一些问题，如信息泄露、金融诈骗等，这些问题严重损害了消费者的权益，影响了金融市场的稳定。另一方面，数字普惠金融的发展也加剧了金融行业的竞争，使得金融机构不得不降低利润率，甚至出现亏损。这使得一些金融机构不得不退出市场，从而影响了金融服务的可持续性。为了应对这些挑战，需要在推进数字普惠金融发展的同时，注重加强金融监管和保护消费者权益。一方面，应加强对金融行业的监管，规范金融机构的行为，防范金融风险。另一方面，要提高消费者的金融素养，加强金融知识的普及，提高消费者对金融服务的理解和识别能力，从而更好地享受数字普惠金融带来的便利。

7.3.4 不同门槛变量下区域跨越门槛情况

总结以上用门槛变量的回归结果可以发现，数字普惠金融对经济高质量发展的影响在城镇化率、互联网普及率和产业结构升级比重不同的省份存在一些差异。城镇化率、互联网普及率和产业结构升级均表现为上升的双重门槛特征，这说明随着城镇化率、互联网普及率和产业结构升级的提高，数字普惠金融对经济高质量发展的促进作用愈加明显。在进一步分析这些差异的基础上，可以观察到城镇化率对于数字普惠金融与经济高质量发展关系的影响最为显著。城镇化进程的加速带来了人口集聚、产业集聚以及资源配置效率的提升，这为数字普惠金融的发展提供了广阔的市场空间和良好的基础设施条件。在此背景下，数字普惠金融能够更加有效地服务于城市中的小微企业和个体工商户，助力它们获取资金、信息等关键资源，从而推动经济质量的提升。

同时，互联网普及率的双重门槛效应揭示了数字普惠金融发展的一个重要规律。在互联网普及率达到一定程度后，数字普惠金融的边际影响力将实现飞跃。这是因为互联网的普及为数字金融服务提供了高效、便捷的传播渠道，使得金融服务能够覆盖到更广泛的群体，尤其是那些传统金融服务难以触及的长尾客户。通过互联网，数字普惠金融能够降低金融服务成本，提高金融服务的便捷性和效率，从而更好地服务于经济高质量发展的需求。

产业结构升级的比重也呈现出了双重门槛特征，这表明随着产业结构的优化升级，数字普惠金融对经济发展的推动作用同样呈现出增强的趋势。产业结构升级意味着经济的知识化、技术化和服务化，这一过程中企业对金融服务的创新性和多样性需求日益增长。数字普惠金融以其特有的灵活性和创新性，能够有效满足这些需求，支持新兴产业的创新发展，促进传统产业的转型升级，最终实现经济结构的优化和经济质量的提升。

根据表7-14中的信息来看2021年跨过城镇化率、产业结构升级第二门槛值的均为东部地区的省级行政区，跨过第一门槛值的大多为东、中部省级行政区。这说明中西部地区，需要促进城镇化和产业结构升级，来让数字普惠金融的优势更好地凸显出来，推动经济的高质量发展。这一现象反映出中西部地区在城镇化和产业结构升级方面仍有较大的提升空间。为了充分发挥数字普惠金融的优势，推动经济高质量发展，中西部地区需在城镇化和产业结构升级方面下功夫。首先，在城镇化方面，中西部地区应着力提高城市化水平，促进人口、产业、资源等要素的有序流动和优化配置。为此，可以加大对城市基础设施建设的投入，完善城市公共服务体系，提高城市承载能力。同时，推进户籍制度改革，消除城乡二元结构，使农民能够有序转移到城市，为城市发展注入新活力。其次，在产业结构升级方面，中西部地区应抓住新一轮科技革命和产业变革的机遇，加快新旧动能转换，培育壮大新兴产业。一方面，要推动传统产业优化升级，提高产业链附加值；另一方面，要积极发展高新技术产业、现代服务业等，构建现代化产业体系。此外，还需加大对创新创业的扶持力度，培育一批具有核心竞争力的企业集群。中西部地区应充分利用数字普惠金融的优势，助力经济发展。数字普惠金融具有覆盖面广、服务便捷、成本较低等特点，可以为中小微企业和广大农村地区提供有力支持。中西部地区可以通过搭建数字金融平台，创新金融产品和服务，降低融资成本，缓解融资难题。同时，加大对数字普惠金融的政策支持力度，引导金融机构优化资源配置，提高服务效率。

表7-14　2021年跨越门槛值的区域汇总

门槛变量	门槛值	跨越门槛值的区域
城镇化率	0.6646	广东、江苏、浙江、辽宁、重庆、福建、内蒙古、宁夏、黑龙江
	0.8830	上海、北京、天津
互联网普及率	0.4190	全部
	0.5060	全部
产业结构升级	0.9253	广东、江苏、山西、福建、重庆、山东
	0.9701	上海、北京、天津、浙江

8　结论与建议

8.1　研究结论

本研究基于北京大学数字福祉与幸福指数、高质量经济增长影响及其相关研究成果，构建了包含24个指标的高质量经济增长五维评价体系，并计算了我国31个省级行政区2012—2021年的高质量经济增长指数。

第一，各省级行政区的经济高质量发展水平总体上表现为较为稳定的增长态势，但是区域间发展存在较大差异，其中，经济发达地区大多属于高难度的区域，而经济欠发达地区则大多属于低难度区域。但同时，经济高质量发展不平衡的现象在逐步缓解，部分地区虽然经济高质量发展相较落后，但是增长的速度明显加快，不同地区的高质量发展水平差距正在不断缩小中。

第二，东部地区的高质量经济发展水平高于中部地区，西部地区最低。在此背景下，东部地区的高质量发展水平高于全国平均水平，中部地区的高质量发展水平则接近全国平均水平。西部地区的高质量经济发展水平与全国平均水平之间存在较大差距，但该差距正在逐步缩小。

第三，2012—2021年，高质量经济发展中创新、协调、绿色和共享发展等四个子类别均有所上升，而开放发展则出现了一些波动。

在这之后，本书根据所获得的面板数据，从直接影响、区域异质性、中介效应和门槛效应四个方面，探讨了数字金融在经济高质量发展过程中的作用机制。研究发现：

一是，包容性、全面性和便捷性是数字普惠金融相较于其他金融形式所独有的优势，这有助于提高我国经济高质量发展。同时，数字普惠金融总指数与三个下属维度（覆盖广度、使用深度和数字化程度）都能够不同程度地显著促进我国经济高质量发展，且覆盖广度、使用深度、数字化程度的促进作用依次递减，同时，数字普惠金融对经济高质量发展的创新、协调、绿色、共享这四个维度发展具有正向的促进作用。

二是，数字普惠金融的不断发展使得中国东、中、西部地区经济高质量发展步伐不断加快，但其强度因各地区独特资源禀赋和地理位置而异。数字普惠金融的效应系数在中西部地区高于东部地区，这意味着数字普惠金融对中西部地区高质量经济发展贡献度高于东部地区。数字金融的发展，对经济发展质量具有更高的边际效益。

三是，科技创新、传统金融具有一定的传导作用，都表现为中介效应。即数字金融平台将科技创新的力量与传统金融的优势相结合，增强了其在促进高质量经济增长中的作用。

四是，以城镇化率、互联网普及率和产业结构升级为门槛变量时，数字普惠金融与经济高质量发展之间存在双重门槛效应。数字普惠金融的经济效应只有在跨越门槛值后才能得到更显著的发挥。城镇化率、互联网普及率和产业结构升级均表现为上升的双重门槛特征，这表明，随着城镇化率的不断提升，互联网普及率的不断提高，以及产业结构的不断升级，数字普惠金融在高质量发展中所起到的推动作用越来越显著。

8.2 研究建议

基于所述研究结果，为提升我国高质量经济发展水平，增强普惠金融对高质量经济发展的积极影响，以下是基于本研究所给的政策建议：

第一，完善的管理制度是必要的。建立普惠金融数字平台是现行金融体制下的一种必然结果，对我国经济的发展起到了巨大的推动作用。但是，由于其发展时间较短，服务领域较广，相关的监督体制与法律规定都比较薄弱，因此，对其进行监督的难度很大。金融机构应一方面将普惠金融群体信息纳入征信体系，另一方面要积极推动金融知识普及和风险意识提升，使人们既能享受到数字化金融带来的便利，又能免除安全风险的担忧。政府应继续完善数字化金融的法律框架、法规和监管制度，加强政策协调，明确权责，形成合力，推动普惠金融数字化平台与高质量经济发展有机融合。与此同时，应加强监管力度，规范数字金融市场秩序，保护消费者权益，防范金融风险，确保数字普惠金融健康有序发展。

第二，应针对区域发展的差异制定不同的普惠数字金融发展战略。鉴于我国各地区经济发展水平的不平衡以及金融发展速度和效率的差异，推行一项全国性普惠数字金融政策，可能会妨碍经济的发展。因此，需要针对不同地区实际情况去制定具有差异化的发展战略，不能一概而论，要实现精准扶持。继续创新金融服务模式。政府应加强对经济欠发达地区的支持，提供更多的政策倾斜和资源投入，促进这些地区的经济高质量发展，缩小地区发展差距。同时，要加强东部地区与中西部地区之间的合作与经验交流。促进经济高质量发展经验的共享和互补。此外，可以采用试点方式来解决数字金融领域的空间不均衡问题。也就是说，可以分阶段在我国东部、中部和西部地区的城市建设数字金融中心，以提高代表性和更广泛地实施数字金融流程。此外，可以考虑每个城市金融市场发展的特点，开展更有针对性的工作。在农村地区，由于金融发展相对滞后，可以从银行入手，逐步推广数字金融服务，使其逐步融入人们的生活。提供更多更便捷的银行服务，例如电子转账，可以帮助人们更直接、更有效地了解到它的好处，从而推动它的普及。

第三，需要发展普惠金融，促进宏观经济发展。普惠金融在促进高质量经济增长方面发挥着重要作用。需要加大对普惠金融的支持力度。政府可以制定相应的政策，鼓励金融机构加大对普惠金融的投资和创新，并推动普惠金融服务的普及和提升。同时，需要加强普惠金融基础设施建设，扩大普惠金融覆盖范围，提高其深度。另外，科技创新还能通过普惠金融对高质量经济发展产生间接影响。当前，大部分的新创中小企业掌握着较好的技术，具有较强的创新能力，但是因为缺乏足够的资金，很多企业很难将其创造性的研究成果转化为实际的生产力。所以，有必要为那些在金融系统中处于边缘地位的中小型企业提供资助，加强它们的创新能力，促进科技成果转化，带动全产业链的科技进步。政府要加大对科技创新研发资金的投入力度，以科技创新为驱动，促进高质量经济发展，依靠内生动力推动经济增长。新兴产业的出现必将创造无限的机遇。要充分挖掘普惠金融的潜能，使普惠金融真正成为推动宏观经济发展的重要力量。

第四，需要加快信息基础设施现代化建设。当前，由于农村的网络建设比较滞后，移动互联网还没有得到充分的推广，这成为整个数字金融发展的一个瓶颈。目前，我国的数字金融市场已经表现出了很强的集聚性：北京、上海、广州、深圳、江苏、浙江，这些区域的数字金融交易额都远高于全国平均值。与经济发展水平相比，乡村地区的数字金融服务发展缓慢，人们很难在网络上得到必需的金融服务。因此，数字金融尚未充分融入人民生活。更高质量的数字金融发展，将有助于提升经济发展质量。政府应优先关注互联网渗透率较低的地区，推动农村地区基础网络建设。这将有助于改善农村居民因交通不便而无法及时获得金融服务的情况，并使数字金融能够充分发挥其积极作用，在缩小城乡发展差距方面做出贡献。

第五，推出个性化金融服务产品。针对目前普惠金融还没有覆盖到社会各个阶层的现状，普惠金融机构要根据有需要的人群特点，因地制宜地开发出个性化的普惠金融产品，以满足社会各界的需要。这一个性化的金融服务，可以让普惠金融使用者更有效、更方便地获得资金，与传统金融服务复杂的审批过程不同，只要在手机网络上就能得到相关的金融服务。并且，普惠金融作为一种新兴的金融科技，在降低金融服务成本的同时，也使金融资源能够覆盖更多的区域，为国家解决未来的许多不确定问题奠定基础。另外，对公司和个人来说，对创新创业进行金融扶持，这既能让创新创业者自己的就业问题得到解决，也能建立起一条导师带徒的链条，让更多的失业人员获得就业机会，拓宽就业平台，提高了弱势群体的综合能力。

第六，推动科技创新和传统金融发展。首先，加强科技创新是推动数字普惠金融发展的关键。政府应加大对科技创新的投入，鼓励企业加强研发和创新，推动新一代信息技术在金融领域的应用和发展。例如，可以加大对人工智能、大数据、区块链等前沿技术的研究和应用，提高数字金融服务的智能化和个性化水平。同时，要加强科技创新与金融服务的结合，培育和支持金融科技企业，推动金融科技的创新和发展。其次，传统金融在数字普惠金融发展中扮演着重要角色。传统金融机构具有丰富的金融经验和资源，可以为数字普惠金融提供更加稳定和可靠的金融支持。政府应加强传统金融机构的改革和创新，提高其服务效率和质量，推动传统金融与数字普惠金融的有机结合。例如，可以鼓励传统银行与金融科技企业合作，共同打造数字金融生态系统，提供更加便捷和多样化的金融服务。此外，要加强对传统金融机构的监管，确保其合规经营，防范金融风险，维护金融市场的稳定和健康发展。在推动科技创新和传统金融发展的过程中，需要政府、金融机构和科技企业等各方共同努力。政府可以加大对科技创新和金融发展的政策支持和引导，提供优惠政策和资金支持，鼓励企业加大研发投入和创新实践。金融机构应加强内部创新和改革，提高服务质量和效率，积极探索数字化转型的路径和模式。科技企业应加强与金融机构的合作，共同推动数字普惠金融的发展。

第七，提升城镇化率、互联网普及率和产业结构升级水平。城镇化率、互联网普及率和产业结构升级是数字普惠金融发挥促进作用的双重门槛。政府应加大对城镇化进程、互联网基础设施建设和产业结构优化升级的支持力度，提升这些门槛的水平，进一步激发数字普惠金融对经济高质量发展的促进效应。首先，加快城镇化进程。城镇化是推动经济发展和社会进步的重要引擎，可以为数字普惠金融提供更广泛的应用场景和服务对象。政府应加大对城镇化过程中的基础设施建设和公共服务提供，提高城市化水平和质量。同时，要加强农村金融服务的拓展，推动农村金融体系的建设，为农村地区提供更加便捷和多样化的金融服务。其次，推动互联网普及率的提升。互联网是数字普惠金融发展的基础和支撑，具有推动经济高质量发展的重要作用。政府应加强互联网基础设施建设，提高互联网覆盖范围和质量，推动互联网普及率的提升。同时，要加强数字素养教育，提高公众对互联网的认知和使用能力，促进数字金融服务的普及和应用。最后，推动产业结构升级。产业结构的优化和升级是经济高质量发展的重要保障，也为数字普惠金融的发展提供了更广阔的市场和需求。政府应加大对产业结构调整和升级的支持力度，鼓励企业加大技术创新和转型升级的投入，推动传统产业向高端、绿色和智能化方向发展。同时，要加强产业链的整合和协同，促进产业的互联互通，为数字普惠金融的发展提供更广泛的应用场景和需求支撑。

参考文献

[1] 郭峰，王靖一，王芳，等.测度中国数字普惠金融发展：指数编制与空间特征[J]. 经济学（季刊），2020，19（4）：1401-1418.

[2] 郭峰，王瑶佩.传统金融基础、知识门限与数字金融下乡[J].财经研究，2020，46（1）：19-33.

[3] 傅秋子，黄益平.数字金融对农村金融需求的异质性影响：来自中国家庭金融调查与北京大学数字普惠金融指数的证据[J].金融研究，2018（11）：68-84.

[4] 孙玉环，张汀昱，王雪妮，等.中国数字普惠金融发展的现状、问题及前景[J]. 数量经济技术经济研究，2021，38（2）：43-59.

[5] 唐松，赖晓冰，黄锐.金融科技创新如何影响全要素生产率：促进还是抑制?：理论分析框架与区域实践[J].中国软科学，2019（7）：134-144.

[6] 姚耀军，施丹燕.互联网金融区域差异化发展的逻辑与检验：路径依赖与政府干预视角[J].金融研究，2017（5）：127-142.

[7] OZILI P K. Financial inclusion research around the world：a review[J]. Forum for Social Economics，2019，17：15-23.

[8] CHEN W D，YAUAN X H. Financial inclusion in China：an overview[J]. Frontiers of Business Research in China，2021，15（1）：4-24.

[9] 黄益平.数字普惠金融的机会与风险[J].新金融，2017（8）：4-7.

[10] 周雷，殷凯丽，应皓恬，等.数字普惠金融服务小微企业融资研究：以全国首个小微企业数字征信实验区为例[J].西南金融，2024（1）：54-68.

[11] 程秋旺，林巧华，石玉婷.数字普惠金融对中小企业绿色创新的影响研究[J].金融经济（市场版），2023（12）：62-75.

[12] 谭思进，陶士贵.数字普惠金融对城乡居民消费升级影响效应研究[J].统计与决策，2024（4）：152-156.

[13] 司聪，任保平.中国式现代化新征程中经济高质量发展的战略重点与路径[J].经济问题，2024（1）：1-9，17.

[14] 赵剑波，史丹，邓洲.高质量发展的内涵研究[J].经济与管理研究，2019，40（11）：15-31.

[15] 杜创，刘霞辉，袁富华，等.高质量发展背景下的现代化经济体系建设：一个逻

辑框架[J].经济研究，2019，54（4）：4-17.

[16] 徐现祥，李书娟，王贤彬，等.中国经济增长目标的选择：以高质量发展终结"崩溃论"[J].世界经济，2018，41（10）：3-25.

[17] 师博，任保平.中国省际经济高质量发展的测度与分析[J].经济问题，2018（4）：1-6.

[18] 马茹，罗晖，王宏伟，等.中国区域经济高质量发展评价指标体系及测度研究[J].中国软科学，2019（7）：60-67.

[19] 魏敏，李书昊.新时代中国经济高质量发展水平的测度研究[J].数量经济技术经济研究，2018，35（11）：3-20.

[20] 张军扩，侯永志，刘培林，等.高质量发展的目标要求和战略路径[J].管理世界，2019，35（7）：1-7.

[21] 黄庆华，时培豪，胡江峰.产业集聚与经济高质量发展：长江经济带107个地级市例证[J].改革，2020（1）：87-99.

[22] 薛永刚.城市群经济高质量发展空间收敛、动态演进以及创新影响研究："珠三角"和"长三角"的对比分析[J].管理评论，2022，34（12）：131-145.

[23] 段鑫，陈亮.产业结构升级对黄河流域资源型城市经济高质量发展的影响研究[J].生态经济，2023，39（2）：92-99.

[24] 牛丽娟.数字金融与经济高质量发展：理论分析与实证检验[J].西南民族大学学报（人文社会科学版），2023，44（1）：125-138.

[25] 周雷，张鑫，董珂.数字金融创新有助于促进实体经济高质量发展吗?：基于金融服务效率的机制分析与空间计量[J].西安财经大学学报，2024，37（1）：60-72.

[26] 李成刚.绿色金融对经济高质量发展的影响[J].中南财经政法大学学报，2023，（2）：65-77.

[27] 王欣亮，张家豪，刘飞.大数据是经济高质量发展的新引擎吗?：基于数据基础设施与技术应用的双重效应解释[J].统计研究，2023，40（5）：103-119.

[28] 任保平，王子月.数字新质生产力推动经济高质量发展的逻辑与路径[J].湘潭大学学报（哲学社会科学版），2023，47（6）：23-30.

[29] 韦东明，徐扬，顾乃华.数字经济驱动经济高质量发展[J].科研管理，2023，44（9）：10-19.

[30] 公丕明.中国经济高质量发展的理论逻辑、测度评价与政策建议[J].宏观经济研究，2023（11）：4-13，95.

[31] 荆文君，孙宝文.数字经济促进经济高质量发展：一个理论分析框架[J].经济学家，2019(2)：66-73.

[32] 许宪春，张钟文，关会娟.中国新经济：作用、特征与挑战[J].财贸经济，2020，41(1)：5-20.

[33] 刘淑春.中国数字经济高质量发展的靶向路径与政策供给[J].经济学家，2019(6)：52-61.

[34] 杨虎涛.数字经济的增长效能与中国经济高质量发展研究[J].中国特色社会主义研究，2020(3)：21-32.

[35] 谢绚丽，沈艳，张皓星，等.数字金融能促进创业吗?：来自中国的证据[J].经济学(季刊)，2018，17(4)：1557-1580.

[36] 何婧，李庆海.数字金融使用与农户创业行为[J].中国农村经济，2019(1)：112-126.

[37] 邹新月，王旺.数字普惠金融对居民消费的影响研究：基于空间计量模型的实证分析[J].金融经济学研究，2020，35(4)：133-145.

[38] 杨刚，张亨溢.数字普惠金融、区域创新与经济增长[J].统计与决策，2022，38(2)：155-158.

[39] 蒋长流，江成涛.数字普惠金融能否促进地区经济高质量发展?：基于258个城市的经验证据[J].湖南科技大学学报(社会科学版)，2020，23(3)：75-84.

[40] 马黄龙，屈小娥.数字普惠金融对经济高质量发展的影响：基于农村人力资本和数字鸿沟视角的分析[J].经济问题探索，2021(10)：173-190.

[41] 王刚贞，陈梦洁.数字普惠金融影响经济高质量发展的渠道机理与异质特征[J].财贸研究，2022，33(10)：45-56.

[42] 徐铭，沈洋，周鹏飞.数字普惠金融对经济高质量发展的影响研究[J].资源开发与市场，2021，37(9)：1080-1085.

[43] 赵晓鸽，钟世虎，郭晓欣.数字普惠金融发展、金融错配缓解与企业创新[J].科研管理，2021，42(4)：158-169.

[44] 贺健，张红梅.数字普惠金融对经济高质量发展的地区差异影响研究：基于系统GMM及门槛效应的检验[J].金融理论与实践，2020(7)：26-32.

[45] 杨艳芳，詹俊岩，胡艳君.数字普惠金融对经济高质量发展的影响研究[J].科技促进发展，2021，17(5)：838-845.

[46] 张芳，蔡甜甜.数字普惠金融、产业结构升级与共同富裕[J].技术经济与管理

研究，2024（1）：109-114.

[47] 王仁曾，詹姝珂.数字普惠金融与绿色金融对经济高质量发展的协同影响研究[J].现代经济探讨，2023（7）：59-70.

[48] 庞加兰，张海鑫，王倩倩.数字普惠金融、融资约束与民营经济高质量发展[J].统计与决策，2023，39（5）：130-135.

[49] 葛和平，吴倩.数字普惠金融对民营经济高质量发展的影响研究[J].经济问题，2022（11）：27-35.

[50] 张存刚，董宇.数字普惠金融助推农村经济高质量发展的实证分析[J/OL].兰州财经大学学报，https://link.cnki.net/urlid/62.1213.f.20240318.1255.021.

[51] 薛秋童，封思贤.数字普惠金融、居民消费与经济高质量发展[J].现代经济探讨，2022（7）：26-40.